日本の偉人物語①

二宮尊徳
坂本龍馬
東郷平八郎

岡田幹彦

光明思想社

はじめに

東日本大震災で明らかになった日本人の比類なき国民性
――世界中の感嘆と絶賛――

日本人が世界中の人々からいかに深く尊敬され親愛されているか万人《ばんにん》の目に明かになったのが、平成二十三年に起きた東日本大震災である。このとき略奪《りゃくだつ》や暴動《ぼうどう》は一切《いっさい》なかった。それどころか人々は最悪の状態の中で秩序《ちつじょ》と礼節《れいせつ》を失うことなく、美しい「人の絆《きずな》」を保《たも》ったことに、全世界が驚嘆《きょうたん》し絶賛《ぜっさん》を惜《お》しまなかった。

人間や民族の本性《ほんしょう》は非常時《ひじょうじ》に極限《きょくげん》状態の中で地金《じがね》をあらわす。一夜漬《いちやづ》けがきかない飾《かざ》ることのできない偽《いつわ》りなき実体《じったい》がさらけ出される。東日本大震災は日本人が千年、二千年いやもっと昔からつちかってきた民族の地金である国民性《こくみんせい》が、期《き》せずしてありのままに世界の人々に示されたのである。諸外国の人々は日本人の行為にあらわれた国民性が、自国の国民性と比べて大きな違いと隔《へだ》たりのあることを認めないわけにはいかなかった。言葉を換《か》えていうとそれは文明《ぶんめい》の差異《さい》である。日本文明が他の文明と比べて明らかにすぐれていることを証明したのが、先の大震災であったといえるだろう。諸外国の人々の感想をいくつか紹介《しょうかい》しよう。

「今回の大震災で人の為に我が身《み》をかけるような真実の出来事が起こり、日本人の善良《ぜんりょう》さ、美しき一面が顕著《けんちょ》に出た」(台湾)

(例えば、公務員の遠藤未希《みき》さんは最後まで人々に避難《ひなん》をよびかけて職務をつくし、津波にのまれて亡くなった。遠藤さんは二十四歳の女性、婚約中だった)

「東北の人たちの姿は、全員がブッダ(釈迦《しゃか》)のように見えた」(ミャンマー)

はじめに

「被災地《ひさいち》の日本人の姿は一人ひとりがおよそイエス・キリストのように見えた」（フランス）

「日本には最も困難な試練《しれん》に立ち向うことを可能にする人間の連帯《れんたい》が今も存在している」（ロシア）

「恐《おそ》るべき大災害に皆さんが立ち向う姿を見ると、常に日本人に対して抱《いだ》き続けてきた尊敬の念《ねん》を新たにします。その姿は世界中が見習うべき模範《もはん》です。こうした経験を通して日本人は強くなった。……今度のような悲劇や苦難を乗り越えて日本民族は生き続け、国を再建していくでしょう」（ポーランド）

「日本人は大戦の荒廃《こうはい》から見事に復興《ふっこう》した。また新たな奇蹟《きせき》を起こしてくれるだろう」（パキスタン）

「住民たちは冷静《れいせい》で自助《じじょ》努力と他者との調和《ちょうわ》を保ちながら礼儀《れいぎ》を守っている。略《りゃく》奪《だつ》のような行為は衝撃《しょうげき》を受けるほど皆無《かいむ》だ。みんなが正直さと誠実《せいじつ》さに駆《か》られて機能《きのう》しているようだ。日本ほど自然からの大攻撃に耐《た》えて、生き残るための用意をしてきた国はない。日本国民が最大級の地震に耐えたことは素晴らしい。ハイチの地震や中国の四川《しせん》大地震とは対照的《たいしょうてき》だ。震災の日、日本人が見せたのは混乱ではなく、この上なく美しい〝人の絆《きずな》〟だった」（アメリカ）

「日本国民がこの歴史的な災禍《さいか》に冷静さを保って対応《たいおう》したことは、アメリカ国民を一様《いちよう》に感嘆《かんたん》させた。日本がこうした状況下でアメリカでのように略奪《りゃくだつ》や暴動《ぼうどう》を起こさず相互《そうご》に助け合うことは、全世界でも少ない独特《どくとく》の国民性であり社会の強固《きょうこ》さだ」（アメリカ）

「日本国民が自制《じせい》や自己犠牲《じこぎせい》の精神で震災に対応《たいおう》した様子《ようす》は、広い意味での日本文化を痛感《つうかん》させた。日本の文化や伝統も米軍の占領政策《せんりょうせいさく》（昭和二十年から二十七年まで日本はアメリカの占領下《せんりょうか》にあった）などによりかなり変えられたのではないかと思いがちだったが、文化の核《かく》の部分は決して変らないのだと今回思わされた」（アメリカ）

嘘《うそ》いつわりのない外国の人々の日本人への絶賛《ぜっさん》である。日本人の感想もひとつ掲《かか》げよう。

「私は今回ほど、我が同胞《どうほう》に誇りと尊敬を持ったことはない。あれだけの災害に遭《あ》いながら、よその国だったら当然起きたはずの店舗《てんぽ》や個人の家に対する略奪《りゃくだつ》や放火《ほうか》も全く起きなかった。配給中《はいきゅうちゅう》の物資《ぶっし》の強奪《ごうだつ》もなかったし、汚職《おしょく》や騒擾《そうじょう》（暴動《ぼうどう》）も聞《き》こえてこない。……運命を分《わ》ち合う気力《きりょく》はすばらしい。あってはならない災害だったが、今回の事件で日本と日本人に対する評価は一挙《いっきょ》に高まると思われる」（曽野綾子《そのあやこ》氏）

世界はなぜ日本を尊敬するのか
――世界の人々を魅《ひ》きつけてやまない日本文明――

日本人は私たちが思っている以上に多くの国々の人々から敬愛されている。「あなたは日本が好きですか、嫌いですか」と問えばほとんどの国で好きが嫌いを大きく上回《うわまわ》る。嫌いが上回るのは近隣《きんりん》三ヵ国だけである。つまり日本は世界で一番人気のある国なのである。

世界の人々が日本を敬愛し日本人に好意を寄せる理由は、日本の歴史・伝統・

文化・文明に対して深い尊敬の念を抱《いだ》いているからである。二人の例をあげよう。『外国人が選んだ日本百景』（講談社＋α《アルファ》新書）や『外国人だけが知っている美しい日本』（大和書房）を書いたスイス人、ステファン・シャウエッカー氏は、心から日本を愛し日本女性と結婚、日本中を旅行して外国人にすばらしい旅行地を紹介することを仕事としている。こうのべている。

「ヨーロッパ人は自分の国にないような建物、例えば神社仏閣《ぶっかく》を見にきますね。ただどの外国人にも共通しているのは、日本の伝統文化に触《ふ》れたいと考えていることです。大好きな日本の素晴らしさに触れ、それを発信《はっしん》すること自体《じたい》が幸せなんです。私たちの情報で日本のことを好きになってくれる人が一人でも増えてくれば、こんな嬉しいことはありません。私はこれまで日本の観光名所を一千ヵ所以上訪《おとず》れていますが、まだまだ知らないところがたくさんあります。きっと一生費《ついや》しても紹介しきれないでしょう。私は日本最大の魅力《みりょく》は日本人だと思います」

　このような驚くべき外国人がいるのである。「大好きな日本の素晴らしさに触れ、それを発信することが幸せ」と言い、「日本最大の魅力は日本人」とまで語る一外国人の熱《あつ》い思いは、私たち日本人の心を強く揺《ゆ》さぶる。外国人がここまで賛嘆《さんたん》する日本の素晴らしさ――日本の歴史・伝統・文化・文明・自然風土そして日本人――について、これまで私たち日本人はシャウエッカー氏ほど深い愛情を持ったであろうか。あまり深く知らず、灯台《とうだい》もと暗《くら》しではなかったのではなかろうか。

もう一人は、ロンドン・タイムズやニューヨーク・タイムズの東京支局長をつとめた在日約五十年のイギリス人記者、ヘンリー・ストークス氏である。自著でこうのべている。

「私はメディア（新聞やテレビなど）の報道が連日『日本悪玉論《あくだまろん》』で塗《ぬ》りつぶされる中で育った。メディアの洗脳《せんのう》は恐ろしいもので、いわゆる『南京大虐殺』などは史実《しじつ》として疑わなかった（氏は今は、それが大嘘であることを知っている）。ところが日本に住み始めて日本人に接すると、日本人が相手を慮《おもんぱか》って察《さっ》することを通《とお》して『和《わ》』を大切にする人々であることが肌《はだ》で感じられるようになった。歴史や伝統に誇りを持ち、日本独特《どくとく》の洗練《せんれん》された豊かな文化や芸術を大切に育《はぐく》んできた人たちであることも分った。それどころか世界でこれほど素晴らしい歴史と伝統を持った国は他にないと思うようになった。私は日本にイギリス人として心からの慈《いつく》しみを感じるようになった。私も日本に住むようになってすでに五十年が過ぎた。今では日本は第二の祖国である。だが、そのように思えるようになるまでは、正直なところ長い時間がかかった」（『英国人記者が見た世界に比類なき日本文化』祥伝社新書）

かつて世界を支配したイギリス人はとても誇りが高く、めったに外国、外国人をほめない。非白人の日本人に対してはなおさらである。しかしストークス氏はかくも日本を絶賛《ぜっさん》してやまない。五十年間、日本で生活してようやくここにたどりついたのだ。日本の歴史・伝統・文化は奥が深いのである。

人種平等の世界を実現した近代日本の世界的貢献

――明治維新・日露戦争・大東亜戦争――

ヘンリー・ストークス氏は日本の素晴らしい長所は「何といっても人々の間の『和』である」といい、「この人々の『和』は、この広い世界の中で日本にしか存在しない」とのべ、こう断言《だんげん》するのである。

「あの東北の人々の気高《けだか》い姿こそ日本人が『和の民族』であることを世界に示したのであった」

「日本は数千年以上の長きにわたって独自《どくじ》の文化を育ててきた。日本文化のあり方《かた》は、これからの世界が学ぶべきところが大いにある。西洋に限らず人類が戦争のない平和な世界を構築《こうちく》してゆく為に、世界は日本の様々《さまざま》な長所を認めて取り入れてゆくべきだと思う。……日本は日本人にとってだけのかけがえのない宝ではない。私は日本人が紡《つむ》いできた『和の心』の精神文化が、人類にとって大きな財産であると信じている」

「和の心」を持つ「和の民族」である大和《だいわ》の国日本が成しとげたことが、近代における世界的な貢献《こうけん》である「人種平等の世界」の実現であった。近代の日本歴史の三つの柱は、明治維新《めいじいしん》・日露《にちろ》戦争・大東亜《だいとうあ》戦争(これまで太平洋戦争といわれてきたが、こちらが正しい名称）である。三つとも一大国難《いちだいこくなん》であったが、日本国民はこの三つの困難に満ちた試練《しれん》を血と涙の努力を以《もっ》て乗り越えた。その結果、欧米列強による約四百年間にわたる有色人種への人種偏見《じんしゅへんけん》にもとづく植民地支《しょくみんち》配を打破《うちやぶ》りそれを終《お》わらせ、有色民族の解放《かいほう》と独立《どくりつ》を導《みちび》き人種平等の世界を築《きず》き上《あ》げたのである。今日《こんにち》、世界のほとんどの国々が日本と日本人を尊敬、親愛してやまない根本の理由はここにある。竹田恒泰《つねやす》氏は『日本はなぜ世界で一番人気があるのか』（PHP新書）でこうのべている。

「日本人は日本人が思っている以上に異邦人《いほうじん》に愛されている。イラクのバグダッドにいたとき、私のことを日本人だと思って近づいてきた地元のある大学生は、私に英語で『I LOVE JAPAN』といった。興味があったので『WHY?』と問いかけると、その学生から思いもかけない答が返ってきた。……彼が日本好きな第一の理由は『MEIJI REVOLUTION』（明治維新）だという。多くのアラブやアジアの国々が列強《れっきょう》に国を破壊《はかい》され植民地化されたなか、日本だけは独自《どくじ》の力で近代化を達成《たっせい》して国を守り、有色人種の中で唯一《ゆいいつ》列強に加わることができたことをその学生は強調《きょうちょう》した。

私が感心しているとその学生は続けて、日露戦争について語り始めた。アラブ世界の人々にとって小国日本が巨大なロシア帝国に戦争を挑《いど》み、世界最強といわれたバルチック艦隊を撃破《げきは》したことは狂喜乱舞《きょうきらんぶ》するほどの喜びであり、その感覚はいまだ若い世代にも語り継《つ》がれているというのだ。

衝撃《しょうげき》を受けて立ち尽《つ》くしている私に対して、その青年は次のように語り続けた。これまでの歴史においてイラクを含《ふく》めてアメリカに攻《せ》めこまれた国はたくさんある。しかしあのアメリカに攻めこんだのは後《あと》にも先にも日本だけであった（大東亜戦争のこと）。結果は残念だったが、その後わずか数年で国際社会に復帰《ふっき》し、東京オリンピック、高度経済成長を経《へ》て屈指《くっし》の経済大国にのし上った。日本の国の歴史は驚嘆《きょうたん》に値《あたい》すると語ってくれたのである。その青年は日本人が天皇の下《もと》に一つに結束《けっそく》する姿が美しく、そしてうらやましいという」

これが心ある外国人の見る日本の姿である。外国人が近代日本の歴史をどう見ているか、いかに高く評価しほめたたえているかが明らかである。ことに「日本の歴史は驚嘆に値する」「日本人が天皇の下に一つに結束する姿が美しく、そしてうらやましい」との言葉には深く胸を打たれる。イラクの大学生は近代日本の歴史の柱として、明治維新と日露戦争と大東亜戦争をあげた。この歴史こそ欧米中心の世界史を根本から大きく変え、白人による有色人種への植民地支配にとどめをさし、非西洋民族を解放、独立させ、人類平等の新しい世界を作り上げる原《げん》動力《どうりょく》となったのである。それは近代日本が世界人類のために果《はた》した言葉にはつくしがたい大事業、大偉業であったことを知らなければならない。

今こそ自国の誇りある歴史・伝統・文化・文明を先人達に学ぼう
――日本の将来を担う中高生たちへ――

外国人から言われるまでもなく、わが国には世界にまれな独自のすぐれた歴史・伝統・文化・文明があり、祖国の護持《ごじ》と発展のために尽《つく》した素晴らしい多くの先人《せんじん》、偉人達がいる。

しかし大東亜戦争に敗れアメリカの占領統治《せんりょうとうち》を受け、学校における歴史教育が大きく変えられ歪《ゆが》められた結果、わが国の青少年たちは自国の誇るべき歴史・伝統・文化・文明と偉大な先人達について正しく学び知る機会が失われてきた。そのような悲しい状態がもう七十年間以上も続いている。

私もまたそうした歴史教育の中で育ってきた。私は小学生の時から日本の歴史と人物に興味があった。親から特に教えられたわけではないが、日本の国が大好きだった。しかし学校（小・中・高・大）の授業では日本の国と先人たちの素晴らしさ、偉大さにつき何ひとつ教師は語ってくれなかった。それどころか批判や悪口を聞かされた私は、自国の歴史と人物への誇りを児童・生徒に伝えようとしない学校教育に空《むな》しい気持を持ち続けた。

そこで私は日本の歴史と人物につき自分で学んだ。約五十年間遅《ち》々《ち》たる歩《あゆ》みであったが、私はイラクの学生がいうように「日本の歴史は驚嘆に値する」世界に比類《ひるい》なきものであり、いかに数多くのすぐれた先人・偉人たちが祖国を護《まも》り抜《ぬ》き独立を堅持《けんじ》して自国の発展に尽してきたかにつき、確固《かっこ》とした自覚《じかく》と誇りを抱《いだ》くにいたった。ここ約三十年間、全国各地で「歴史人物講座」「歴史人物講演会」を続けてきたが、これまで私の深く敬愛する約百人の日本の偉人について語ってきた。それらの人物の物語の一端《いったん》につき、先年《せんねん》『日本の誇り一〇三人』（光明思想社　平成二十四年）を出させていただいた。この書をお読み下さった方々から、これら日本の偉人につきもう少し詳《くわ》しくのべた少年少女向けの物語を書いてもらえないかとのご希望が寄《よ》せられた。浅学《せんがく》の素人《しろうと》としてためらったが、誰かがしなくてはならないことと思いお応《こた》えすることにした。百人余りの人物を一巻で三、四人とりあげる日本の偉人物語である。

読んでいただく主《おも》な対象《たいしょう》は中学生と高校生、そしてその親御《おやご》さんである。まず親御さんにお読みいただき、良いと思われるならお子さんにおすすめしていただきたい。小学生でも読書好きな高学年生なら面白《おもしろ》く読めると思う。私が少年であったならきっと喜んで飛びつくであろう本書を、日本の将来を担《にな》う少年少女たちに贈りたい。

本書は『日本の誇り一〇三人』同様、光明思想社社長・白水春人氏の強いおすすめをいただき出版の運びとなった。白水社長と同社・別府秀俊氏に深い謝意を捧げる。

平成二十九年三月

岡田幹彦

日本の偉人物語　1

二宮尊徳　坂本龍馬　東郷平八郎

目次

はじめに

第二話　坂本龍馬――「明《あか》き清《きよ》き直《なお》き誠《まこと》の心」

第三話　東郷平八郎――全世界が尊敬する古今随一《ここんずいいち》の海将

第一話

二宮尊徳

——日本が世界に誇る古今独歩《ここんどっぽ》の大聖《たいせい》

二宮尊徳

天明7年(1787)～安政3年(1856)
現在の神奈川県小田原市の百姓の長子に生まれる。通称は金次郎。江戸時代後期、「報徳の道」をもって600の農村を立直し、農村再建の神様とたたえられる。(肖像画・「報徳博物館」所蔵)

1、金次郎を鍛《きた》え上げた二十年間の試練

日本人の手本

明治、大正、昭和前期の時代、誰一人として知らぬ者のない日本人の生き方の手本《てほん》、模範《もはん》とされた人が二宮尊徳《にのみやそんとく》（金次郎《きんじろう》）である。二宮尊徳は世界中のいかなる偉人と比べても決して劣《おと》らないわが国が世界に誇りうる代表的日本人の一人である。

尊徳は昭和二十年頃までの戦前の学校教育において、「修身《しゅうしん》」といわれた道徳

教育の中で最も多く登場した一人である。誠実《せいじつ》、正直《しょうじき》、親孝行《おやこうこう》、慈愛《じあい》、勤勉《きんべん》など日本人の良き国民性《こくみんせい》を一身《いっしん》に現わした人として教えられた。全ての小学校に薪《たきぎ》を背負《せお》って本を読む銅像《どうぞう》が置かれていた。

しかし大東亜戦争《だいとうあせんそう》に敗れてアメリカに占領《せんりょう》された結果、わが国の誇りある歴史、伝統、文化が軽視され、「修身」の教科も廃止《はいし》され歴史上の偉人について何ひとつ教えられなくなり、二宮尊徳は忘れ去られてしまい、日本の子供たちの理想像とされなくなってしまった。これは日本人として大きな損失《そんしつ》であった。だがいかに無視し否定しても、二宮尊徳のような歴史上にそびえ立つ偉大な人物の精神とその貢献《こうけん》を消し去ることは出来ない。日本民族が地上に存在する限り永遠に日本人の心に生き続ける人物である。

二宮尊徳は天明《てんめい》七年(一七八七)七月二十三日、相模国足柄上郡《さがみのくにあしがらかみぐん》栢山村《かやまむら》(現小田原《おだわら》市)に生まれ、安政《あんせい》三年(一八五六)十月二十日、七十歳で亡くなった。父は利右衛門《りえもん》、母はよし、その長男で名前は金次郎、晩年尊徳《たかのり》と名乗《なの》るが、これまで尊徳《そんとく》と音読《おんよ》みされてきた。

父の利右衛門は二町三反《たん》の田をもつ立派な自作農《じさくのう》だった。「栢山《かやま》の善人《ぜんにん》」と村人《むらびと》から言われた底なしの好《よ》い人で、困っている人を見ると同情して何かを与えずにはおられないお百姓《ひゃくしょう》だった。またこの父は読書を好んだ。母よしもまったく心のやさしい人で、二人は似《に》た者夫婦《ものふうふ》であった。金次郎はこの父母の性格を一身《いっしん》に受けて生まれたのである。家族はほかに弟二人がいた。

懸命に働き続けた親思いの少年

幼少時、金次郎はやさしい両親の愛情に包まれてすこやかに育った。しかし五つの時、不幸に見舞《みま》われた。すぐそばを流れる酒匂川《さかわがわ》の洪水《こうずい》で田畑《たはた》が荒らされたのである。ここから二宮家は貧苦《ひんく》におちいり、金次郎の苦難《くなん》に満ちた人生が始まるのである。父と母は幼い子を育てながら懸命《けんめい》に働き続けた。ところが父は体が強健《きょうけん》ではなく長年の苦労のため、金次郎が十一歳の時病いに倒《たお》れた。病気は一度治ったが翌年またぶり返した。その間、金次郎は母を助けて一日中働き続けた。昼は田畑《たはた》仕事、夜は縄《なわ》をない草鞋《わらじ》を編《あ》んだ。草鞋一足《いっそく》を編むには約二時間ほどかかる。金次郎は毎晩遅くまで草鞋を編みそれを売って、毎日わずか一合《いちごう》のお酒を買ってきては、「お父さん、これを飲んで早くよくなって下さい」と薬代《くすりがわ》りに勧《すす》めた。父は涙を流して喜んだ。金次郎は実に親思いの少年であった。

農閑期《のうかんき》(お米の収穫のあとの秋から冬の時期)になると村人の共同作業として、酒匂川の堤防《ていぼう》修理《しゅうり》が行われる。各家《かくいえ》から男が一人ずつ出るが、父が病気の為十二歳の金次郎が代《かわ》りに出た。しかし子供だから一人前の仕事ができない。これをすまなく思った金次郎は毎晩遅くまで草鞋《わらじ》を編《あ》み何足《なんそく》かたまると翌朝《よくあさ》持参《じさん》して、「私はまだ一人前の仕事が出来ず申訳ありません。どうかこれをお使い下さい」とさし出した。

こうして金次郎は朝早くから夜中まで一心に働き続け、父母を助け弟友吉《ともきち》の世《せ》話《わ》をした。父は回復後三男富次郎《とみじろう》を授《さず》かるが、その翌年三《み》たび病いに倒れやがて亡くなる。貧苦はますます加わった。よしはやむを得ず赤ん坊の富次郎を縁者《えんじゃ》に預《あず》けた。ところがよしは毎晩ほとんど眠らず泣いてばかりいた。心配した金次郎がわけを尋《たず》ねると、「富坊《とみぼう》がいないので乳《ち》が張《は》って眠られないのだよ」と涙をこぼした。富次郎を手放した悲しみで今どうしているかと思うと、心配で眠られず毎夜泣き続けたのである。母の子を思ってやまぬ慈愛《じあい》に金次郎も涙してこう言った。

「お母さん、赤ん坊一人ぐらいどうにかなりますよ。明日から私が山にゆき薪《たきぎ》を採《と》って売り、富坊の養育費《よういくひ》をかせぎます。すぐに戻《もど》しましょう」

よしの顔は喜びに輝《かがや》いた。「お前がそういってくれるなら、これからすぐに連《つ》れてこよう」よしは真夜中《まよなか》ひと走りして富次郎を抱《だ》いて帰ってきた。

それから金次郎は一層《いっそう》早起きし約五キロある入会地《いりあいち》（村人が誰でも利用できる土地）にある山に毎日二回通い、薪《たきぎ》を伐《き》りそれを町へ持ってゆき売った。これまで以上に働き母を助け弟たちの世話をした。父母と弟を思ってやまぬ深い真心《まごころ》の持主であった。

その頃、金次郎の家は極貧《ごくひん》だった。正月はいつも土俗大神楽《どぞくだいかぐら》とよばれる一行《いっこう》が家々を回《まわ》りその年を祝って一曲《いっきょく》（一つの舞《まい》、踊《おど》り）を舞《ま》うが、その時百文《ひゃくもん》を払う。

ことわるときは十文出すのが習《なら》わしであった。だがその金すら出せずやむなく雨《あま》戸《ど》を閉《と》じて、一家外出《がいしゅつ》のまねをしなければならなかった。

寸暇《すんか》を惜《お》しんで勉学した「キ印《じるし》の金次郎」

こんな苦しい生活だったが、金次郎は決して挫《くじ》けることなく明るく元気に働き続けた。そうして寸暇《すんか》を見つけては勉強したのである。金次郎は父に似て読書好きだった。またもって生まれた熱烈な向学心《こうがくしん》、向上心《こうじょうしん》があった。ところが一日中働き続ける金次郎には、ゆっくり本を読み勉強する時間がほとんどない。そこで山へ薪《たきぎ》を採《と》りに行く途中に本を読んだのである。十代の前半金次郎が熱心に読んだものの一つが儒教《じゅきょう》の教えを記した四書《ししょ》(論語《ろんご》・大学《だいがく》・中庸《ちゅうよう》・孟子《もうし》)であり、中でも『大学』に心を強くひかれた。金次郎は道中《どうちゅう》これを大きな声を出して読んだから、村人はあきれて陰《かげ》で「キ印《じるし》の金次郎」とからかった。キ印とは気狂い、気が変になったという意味だ。江戸時代、日本人の識字率《しきじりつ》は世界一でほとんどの庶民《しょみん》は読み書きが出来たが、大学や論語などは一般の農民には不要《ふよう》とされたからである。金次郎が『大学』の中で最も強く心を打たれたのが、「天子《てんし》（皇帝《こうてい》）より庶民《しょみん》にいたるまでみな修身《しゅうしん》をもって本《もと》と為《な》す」という一節《いっせつ》である。たとえ身分《みぶん》がいかに異《こと》なっても人間として生まれた以上、誰もみな正しい立派な人間となるために身《み》を修《おさ》めることが根本《こんぽん》であり、必要欠くべからざることであるとの意味である。

金次郎につけられたあだ名がほかに二つある。一つが「グルリ一ぺん」で、臼《うす》で米をついて白米《はくまい》にするとき臼のまわりを一ぺん回《まわ》るたびにそばの台においた本を少しずつ読んだから。もう一つが「土手坊主《どてぼうず》」である。田畑《たはた》を荒地《あれち》にした酒匂《さかわ》川《がわ》の土手《どて》（堤防）に立って水の流れを見つめ、堤防《ていぼう》をどう直せば洪水《こうずい》を防ぐことが出来るかを考え続けたから。あだ名を三つも持つ金次郎は並《なみ》の少年ではなかったのである。

金次郎一家に不幸がさらに追《お》い打《う》ちをかけた。十四歳の時父を失い、十六歳の時母が三十六歳で病死した。病弱の夫《おっと》と三人の子供をかかえて苦労し続けたよしは、夫の死後貧苦《ひんく》のどん底におちいった末ついに倒れたのである。加《くわ》えてこの年、酒匂川の洪水がおこり、わずかに残っていた六反《ろくたん》あまりの田が荒地《あれち》に変った。不幸の止《とど》めであった。十三歳の友吉《ともきち》と四歳の富次郎《とみじろう》は母の実家《じっか》に、金次郎は伯父《おじ》(父の兄)のもとに預《あず》けられた。金次郎はこの二年の間に両親をなくし田畑を失い一家離散《いっかりさん》という悲しくみじめな境遇《きょうぐう》にたたきこまれたのである。

こんなひどい目に遭《あ》えば普通の人間なら、どうして自分ばかりこうも不幸が続くのだろうと不運《ふうん》を嘆《なげ》き、あるいは自分らを残して亡くなった両親をうらめしく思って失望落胆《しつぼうらくたん》(気を落すこと)の底に沈み自暴自棄《じぼうじき》(やけくそになり自分をそまつにすること)におちいるところである。しかし金次郎は決してこの不幸不運を嘆《なげ》いたり世の中を恨《うら》んだりせず、失望も落胆もしなかった。それどころか苦しい生活の中で自分ら兄弟三人を養育《よういく》してくれた亡き父母の恩恵《おんけい》に涙して感謝《かんしゃ》する人間であった。後年《こうねん》、桜町《さくらまち》の復興《ふっこう》に成功して各地から指導《しどう》を求めてやってくる人々に対して金次郎はいつも涙を流して、「私どもの養育《よういく》の為、辛苦艱難《しんくかんなん》(苦労と困難)を尽《つく》した父母の丹誠《たんせい》(誠・真心)自然と骨髄《こつずい》に徹《てっ》し(しみ通ること)……」と父母の量《はか》りしれない大恩《たいおん》を語ることを常とした。また金次郎はこう語った。「父母の憂《うれ》いをもってわが憂いと為《な》し、父母の楽しみをもってわが楽しみと為す。かくのごときは親子は一体だからだ」

親が子をいつくしみ育て、子が親の恩に感謝し真《しん》に親を大切に思うことが人の道の根本だが、尊徳は身《み》をもって私達にこれを教えている。

天と地と人の恵みに生かされて——「積小為大《せきしょういだい》」と報徳《ほうとく》の道

金次郎は伯父《おじ》の万兵衛《まんべえ》にひきとられた。衣食住《いしょくじゅう》の世話《せわ》をしてくれる伯父に感謝しここでも夜遅くまで働いた。そうしてそのあと本を開いて勉強した。ところが万兵衛はこれをきつくとがめて言った。

「わしはお前を養《やしな》うのに少なくない金を使っているが、お前はまだ子供だから毎日働いてもそれを補《おぎな》うことは出来《でき》ん。お前はそれも考えずに夜中に不用の本を読み、灯油《とうゆ》を無駄《むだ》に使うとは全く恩知《おんし》らずもいいところだ。人の助けを受けて命をつなぐ身《み》に学問はいらん。すぐやめろ」

金次郎は「おじさん、すみません」と涙を流して詫《わ》びた。伯父の言《い》い分《ぶん》はもっともだったからである。金次郎はすべてのことにお世話になっているのだから、決して万兵衛にさからわなかった。そこで自分で灯油《とうゆ》を手に入れることを考えた。川べりの空地《あきち》に菜種《なたね》を蒔《ま》きそれを育てて灯油を得《え》て、今度は伯父も叱《しか》るまいと思って読書した。ところがそれでも万兵衛は「百姓《ひゃくしょう》に学問はいらぬ。無駄な学問をするくらいなら縄《なわ》をなえ」と厳《きび》しく叱《しか》りつけた。やむなく金次郎はさらに一刻《いっこく》(二時間)縄をない、万兵衛が寝静《ねしず》まったころ行灯《あんどん》を衣《ころも》で覆《おお》って読書した。勉強をしろと親に言われても勉強しない子供もいる。金次郎は本を読んではだめだと言われてもこうしてそっと読んだ。頭が下《さが》る金次郎の向学心《こうがくしん》、向上心《こうじょうしん》であった。

金次郎は一生学び続けた。少年時は貧しかったから先生について学んだことはない。生涯、独学《どくがく》だった。四書《ししょ》などはすべて暗記していた。儒教だけではなく仏教そして日本古来《こらい》の神道《しんとう》、国学《こくがく》なども学び尽《つく》している。もし学者の道を進めば大学者になったことであろう。金次郎は人格も頭脳もそして手腕《しゅわん》、実行力においてもとび抜けたものをもった類《たぐ》い稀《まれ》な人物であったが、このころ金次郎をそう思った人はいなかった。

金次郎は伯父のもとで貴重《きちょう》な体験《たいけん》をした。十七歳の時のことだ。田植《たうえ》が終るとあちこちに余った苗《なえ》が捨《す》てられる。捨てられた苗はもう誰のものでもない。金次郎は捨苗《すてなえ》を拾い集めて用水路《ようすいろ》として使われていた不用の古堀《ふるぼり》のあとを耕《たがや》して水田《すいでん》を作り捨苗《すてなえ》を植《う》えた。除草《じょそう》をしてたんねんに育て上げたが、一俵《いっぴょう》(四斗《と》一升《しょう》、六〇キロ)の米を収穫《しゅうかく》できた。

ほんのわずかだがはじめて自分の努力で一俵のお米が得《え》られたことに、金次郎は言い知れぬ喜びを感じた。年少《ねんしょう》にして両親と田畑を失い一家離散《いっかりさん》の憂目《うきめ》(つらい目)を見た金次郎は、世間的《せけんてき》に見れば最も不幸不運の人間である。しかしそのようなわが身《み》にも、こうして天と地と人の恵《めぐ》みがある。村人が捨てた苗があり、太陽、空地《あきち》、水という天と地そして人の恩恵《おんけい》により一俵のお米が得られたのであった。いかなる人間もみなこの天と地と人の恵《めぐ》みによって生かされているという、深い感動をともなった得難《えがた》い体験《たいけん》であった。金次郎はこの恵みを徳《とく》とよび天と地と人の徳に報《むく》いることが、人間の根本の道であることを体得《たいとく》するのである。金次郎の生涯《しょうがい》をつらぬく「報徳《ほうとく》の道」はここから出発する。

金次郎の体得したもう一つのことは、すべて物事《ものごと》は小さなことから始まり、一歩一歩たゆみなく努力を積み重《かさ》ねてはじめて大きな成果《せいか》が得られるということであった。村人がかえりみない不用《ふよう》の捨苗《すてなえ》を拾《ひろ》い集め、空地《あきち》を耕《たがや》し田植《たう》えをして手《て》間暇《まひま》かけて世話《せわ》をし、時いたって豊かな収穫《しゅうかく》が得られた。金次郎はこれを「小《しょう》を積《つ》んで大《だい》を為《な》す（積小為大《せきしょういだい》）」または「小を積んで大を致《いた》す（積小致大《せきしょうちだい》）」とよび、「積小為大《せきしょういだい》」が自然の道と感得《かんとく》したのである。このあとの金次郎の人生は「積小《せきしょう》為大《いだい》」の道の展開《てんかい》であった。

このころの次の話も金次郎の人柄を語る。農閑期《のうかんき》はいつも酒匂川《さかわがわ》の堤防修理に出たが、そのときわずかだが労賃《ろうちん》が得《え》られる。金次郎はこれをためてかなりの金額になると、これを村内《そんない》の身寄《みよ》りなき者や極貧者《ごくひんしゃ》に二百文《もん》、三百文《もん》と分《わか》ち恵《めぐ》むことを楽しみとした。若年《じゃくねん》にして人生の苦労と不幸をなめつくした金次郎は、亡き父同様《どうよう》苦しむ人々を見てこうせずにおられなかったのである。世の中には自分よりもっと不幸なかわいそうな人々がいる。その人たちに出来るだけのことをしようという金次郎であった。こうした慈悲心《じひしん》（いつくしみの心）、同情《どうじょう》、思いやりの深さが金次郎のもって生まれた性格であった。栢山村《かやまむら》善栄寺《ぜんえいじ》の和尚《おしょう》は十七、八歳の金次郎を「菩薩《ぼさつ》（仏教において仏の次に高い悟りを開き苦しむ人々を救う修行者《しゅぎょうしゃ》）の再来《さいらい》か」といって驚嘆《きょうたん》したが、仏教的にいえば金次郎の一生は衆生《しゅじょう》済度《さいど》（苦しむ人々を救い真に幸福にすること）のこの上なき高貴《こうき》な菩薩の生涯《しょうがい》そのものであった。

家の再興《さいこう》

金次郎は心身《しんしん》ともにたくましい青年として成長した。身長一八二センチ、体重九十数キロという堂々たる体で声も大きかった。二十歳になった金次郎は家に帰り、悲願である家の再興《さいこう》（ふたたびもとにかえすこと）にとりかかった。それから四年間全力を尽して働き、手放《てばな》した田畑《たはた》を少しずつ買い戻《もど》した。二十四歳の時一町《ちょう》四反《たん》の自作農《じさくのう》として家を立派に立直《たてなお》した。金次郎はさらに田を増やし三十一歳の時には約四町の田を有する村二番目の地主《じぬし》になる。

家を再興した金次郎は栢山《かやま》村の模範《もはん》青年であった。金次郎のとびぬけたすばらしい人柄、すぐれた才能《さいのう》、勤勉《きんべん》と実行力は村人の賛嘆《さんたん》の的《まと》となった。村の青年たちは金次郎を敬愛《けいあい》して慕《した》い寄《よ》った。もう「キ印の金次郎」と陰口《かげぐち》をたたく者は一人もなかった。

二十四歳の秋、金次郎は初めて江戸に出てそれから京都、大阪、奈良、吉野、金比羅《こんぴら》をめぐり、伊勢神宮《いせじんぐう》にお参りした。神宮には三十五歳の時、再び参拝している。江戸時代、庶民の願いは一生一度の「お伊勢参《いせまい》り」だが、再度お参りした金次郎の伊勢神宮に対する崇敬心《すうけいしん》(あがめ敬う心)がいかに深かったかがわかる。

金次郎は年少時、数々《かずかず》の辛酸《しんさん》(つらく困難なこと)をなめた。しかし天と地と人への感謝と報恩《ほうおん》の心を一日も忘れず、沸々《ふつふつ》とたぎるやみがたい向上心《こうじょうしん》と求道心《ぐどうしん》をもって忍耐《にんたい》強く決して挫《くじ》けることなく努力を積《つ》み重《かさ》ねた。五歳頃から二十代前半までの約二十年間の逆境《ぎゃっきょう》（苦しい時代）と艱難辛苦《かんなんしんく》が金次郎を鍛《きた》えに鍛え磨《みが》きに磨き、いかなることにも屈《くっ》しない強い人間を作り上げ、類《たぐ》いまれな人格を玉成《ぎょくせい》（立派な人物に育成すること）したのである。それは金次郎が日本の歴史に名を刻《きざ》む偉《い》大《だい》な人物となるために天が下《くだ》した試練《しれん》であった。金次郎は人並《ひとなみ》すぐれた素質《そしつ》をもって生まれたが、もしこの逆境、困難、試練がなかったならばそれほどの人物とはなりえなかったであろう。

2、一家を廃《はい》して万家《ばんか》を興す

小《お》田《だ》原藩《わらはん》家老《かろう》服部家の家計立直《たてなお》し

二十六歳のとき金次郎は小田原藩家老服部十郎兵衛《はっとりじゅうろうべえ》の屋敷《やしき》に住みこみ、三年間奉公《ほうこう》(主人に召使《めしつかい》として奉仕《ほうし》すること)した。その間、田畑《たはた》は小作人《こさくにん》(他人の土地を借り小作料を払って耕作する農民)にまかせた。金次郎がこうしたのはもっと本格《ほんかく》的《てき》に学びたかったからである。金次郎の仕事は服部十郎兵衛の三人の若い息子の学問、読書の手伝いであった。日中《にっちゅう》三人は藩校《はんこう》に通《かよ》う。金次郎はそのお供《とも》をして三人が講義を受けている間、講堂の窓の外でそれを聴《き》いて学ぶのである。帰宅《きたく》すると復習の相手をする。三人を指導するだけの学力は十分あった。手伝いが終ると自習である。三年間猛烈《もうれつ》に学んだ。ふつうの人の十年間分以上やった。天性《てんせい》のすぐれた頭脳を持つ金次郎は、こうして儒教《じゅきょう》、仏教そして神道《しんとう》、国学《こくがく》の教えを究《きわ》め尽《つく》すのである。金次郎は立派な百姓となるため「修身《しゅうしん》を本《もと》と為《な》す」との『大学』の一句に従い、一層自己《いっそうじこ》を磨《みが》き高め上げて行ったのである。金次郎は服部十郎兵衛から深く信頼され、三人の息子たちに慕《した》われ、使用人、召使《めしつかい》からも親愛《しんあい》された。

二十九歳の時自宅に戻ったが、三十二歳になって再び服部家で奉公《ほうこう》した。服部家は千二百石の禄高《ろくだか》だが、家計《かけい》は長らく赤字続きで数百両《りょう》の借金をかかえていた。服部はあらゆる辛苦《しんく》をなめて潰《つぶ》れた家を再興《さいこう》した金次郎に強く惚《ほ》れこみ、家《か》政《せい》（家計のやりくり）の立直《たてなお》しを依頼《いらい》したのである。金次郎はこの少し前に結婚したばかりということもあり固《かた》くことわったが、服部はあきらめずとうとう引き受けるのである。この時、金次郎は服部に以後、食事は飯《めし》と汁《しる》だけ、衣服はこれから作るのは全て木綿《もめん》だけ、一切無駄遣《むだづか》いはしないとの三つを固く守ることを求めた。それから四年間全力を尽した結果、借金を支払うのみならず三百両の蓄《たくわ》えまでできた。金次郎はそのお金を服部夫妻《ふさい》の前にさし出し、こう言った。「百両は非常《ひじょう》にお備《そな》え下さい。もう百両はご苦労なされた奥方様《おくがたさま》にご褒美《ほうび》としておあげ下さい。残り百両はご家老《かろう》様が、随意《ずいい》(思うままに)にお使い下さい」夫妻《ふさい》は涙をたたえて手を合わせた。服部は金次郎に心から感謝して言った。「お前の真心《まごころ》によりわが家は復興《ふっこう》した。どうやってこの恩《おん》に報《むく》いたらよいかわからぬ。二百両だけはいただくことにして、せめてこの百両はどうか受けとりお前の家の為に使ってくれ」

百両は今でいうと三千万円ほどである。金次郎は服部の厚意《こうい》をうけて引《ひ》き下《さが》り、そのあと服部家の使用人すべてをよんでこう言った。

「皆さん、四年間約束を守って私とともに艱苦《かんく》(困難)をしのいでくれました。本当によくやって下さいました。多大《ただい》の借金は全て支払《しはら》いました。その上《うえ》百両が余りました。ご家老様は私の愚誠《ぐせい》(四年間誠を捧《ささ》げ尽《つく》したことを謙遜《けんそん》してこう言った)をお賞《ほ》め下さりこれを与えられましたが、私が四年間勤めたのは一身《いっしん》の為ではありませんからその報《むく》いを受けるわけにゆきません。皆さまのご苦労を心から賞賛《しょうさん》して、この百両を分け与えようと思います。これは私が授《さず》けるのではありません。ご主人様の賜《たまもの》です。謹《つつし》んでお受け下さい」

召使《めしつかい》たちは驚きかつ喜び金次郎を伏《ふ》し拝《おが》んだ。世のため人のために無私《むし》の心で誠《まこと》を尽《つく》して生きる金次郎の美しく尊《とうと》い行為《こうい》であった。

金次郎は三十一歳の時、隣村《りんそん》の百姓中島彌之右衛門《なかじまやのえもん》の娘十九歳のきのと結婚した。金次郎は結婚後一年足らずで新妻《にいづま》を家に残して服部家に出向《でむ》いたのである。時々帰るがほとんど家にいないのだから、きのにとりさびしくつらいことであった。きのにすれば新婚早々《そうそう》家をあけっ放しにする夫《おっと》のやることが十分理解できず、心安らかならず不満《ふまん》を抱《いだ》いたのは無理《むり》もなかった。武家《ぶけ》の妻なら辛抱《しんぼう》もできようが農家の新妻《にいづま》にとり耐《た》えがたいことであった。きのはたまらず離縁《りえん》を申し出、二年後離別《りべつ》した。生まれたばかりの徳太郎《とくたろう》がすぐ亡くなったこともきのの心を一層離《いっそうはな》れさせた。金次郎はやむを得ぬ事情《じじょう》とはいえ結婚生活を犠牲《ぎせい》にしてしまい、きのを失望《しつぼう》させ離縁《りえん》という不幸な目にあわせたことを深く悔《く》い心から反省した。金次郎の生涯における唯一つの瑕《きず》である。金次郎ほどの人物でも離婚《りこん》という失敗、挫折《ざせつ》を味わったのである。

名君《めいくん》との出会い

廃《すた》れた家を再興して家老服部家の家政《かせい》を再建した栢山村《かやまむら》の名物男《めいぶつおとこ》金次郎に誰よりも注目《ちゅうもく》し、その人物が並々《なみなみ》ではないことを見抜《みぬ》いたのが小田原藩主大久保《おおくぼ》忠真《ただざね》である。大久保はやがて老中首座《ろうじゅうしゅざ》(今日の首相)をつとめる幕府《ばくふ》きっての賢明《けんめい》な人物であった。大久保は、金次郎は身分《みぶん》こそ低いがこの世に二人といないとてつもなくすぐれた人物だと思った。こう語っている。

「今は天下泰平《てんかたいへい》の世なので私が主君《しゅくん》で金次郎は藩内《はんない》の一農民にすぎないが、これが戦国時代であるならば位置は全く逆となり、金次郎こそ天下を平定《へいてい》する英雄でありその家来《けらい》であったろう」

当時の幕府を代表する政治家である大久保は、金次郎をここまで高く評価《ひょうか》したのである。大久保はこの金次郎に赤字続きの小田原藩の財政再建《ざいせいさいけん》をさせようと思い立ち家老たちに相談した。するとほとんどが「一百姓の命令に従うことは死んでも出来ません」と強く反対した。彼らにはとうてい金次郎の偉さがわかるはずもない。そこでやむなく大久保は分家《ぶんけ》である宇津《うつ》家の再建を金次郎にやらせようとした。これに成功すれば家臣たちも金次郎の手腕《しゅわん》を認《みと》め、藩政再建《はんせいさいけん》の大役《たいやく》をまかせることに反対しないだろうと考え、金次郎にその命《めい》を下《くだ》した。

思いもよらぬ藩主《はんしゅ》の言葉に金次郎は困《こま》り果《は》て、「私のような身分卑《みぶんいや》しい百姓《ひゃくしょう》にどうしてこの様な大仕事ができましょう」と固《かた》く辞退《じたい》した。しかし大久保は決してあきらめず再び三たび拝《おが》むように懇願《こんがん》した。金次郎は身分の低い自分を見こんで深く信頼《しんらい》してやまぬこの名君《めいくん》の知遇《ちぐう》（人物を認められて立派な扱いを受けること）に深く感激《かんげき》、感泣《かんきゅう》したのである。「このお殿様《とのさま》のために自分のすべてを捧《ささ》げよう。決して悔《く》いはない」と思ったのだ。金次郎は人と人との出会《であ》い、人知《じんち》のはからいを超えた人間の不可思議《ふかしぎ》な運命《うんめい》をつくづく思わずにはおられなかった。三十六歳の時である。

当時金次郎は栢山村《かやまむら》一、二の裕福《ゆうふく》な農家であった。再婚《さいこん》し子供も生まれたから、これからは心身《しんしん》ともに幸福で安らかな生活が待っていた。それらを投げ捨てせっかく再興した家を再び潰《つぶ》してかからなければならない困難に満ちた事業だから、よほどの物好《ものず》きでもない限り誰もこんなことに手を出したりはしない。しかし金次郎はこの世で誰よりも自分を高く認め、心から敬愛の念を示してはばからない大久保忠真にわが命をあずけたのである。

しかしこの時、金次郎は再婚直後《ちょくご》であり年若い妻が果《はた》して快《こころよ》く納得《なっとく》してくれるだろうか、先妻《せんさい》の二《に》の舞《まい》になりはしないかと深く思い悩んだ。妻の波子《なみこ》は服部家で奉公《ほうこう》していたが、服部十郎兵衛《はっとりじゅうろうべえ》は家政立直《かせいたてなお》し中に金次郎が離婚《りこん》したことを心から気の毒に思い、後妻《ごさい》として波子をすすめたのである。波子は服部家の為に一身《いっしん》を捧げてつとめる金次郎に尊敬の念を抱《いだ》いていたから、年は離れていたがこの人ならばと嫁《とつ》いだのであった。時に十六歳。金次郎は自分の固い決意を語り同意《い》を求めた。

「私は幾度《いくど》もお断《ことわ》りしたがお殿様《とのさま》はお許し下《くだ》さらない。このような大事業は普通のやり方では決して成功しない。それゆえ一旦立直《いったんたてなお》した二宮の家を廃《はい》して一身《いっしん》を投げうって努力するしかない。お前が私とともに千辛万苦《せんしんばんく》(あらゆるつらい苦労)を厭《いと》わず、お殿様のご命令をやりとげようという心があるならどうか一緒に桜《さくら》町《まち》に行ってくれ。もし普通の女房《にょうぼう》のように平穏《へいおん》に生活したいなら今直《ただ》ちに離縁《りえん》するほかない。どうかよく考えてくれ」

このとき十八歳の波子は、「嫁《とつ》いだときから私の心はすでに決まっています。あなたが水火《すいか》の中に入《はい》るなら私も入ります。ましてあなたはお殿様の命《めい》を受けて大事業をなさろうとしております。それは私にとりましても光栄《こうえい》です。私もまた一心《いっしん》を捧《ささ》げあなたと辛苦《しんく》をともにいたします」ときっぱり答えた。金次郎は涙を流して感謝した。波子は以後生涯内助《ないじょ》の功《こう》を尽した賢夫人《けんぷじん》であった。

こうして名君大久保忠真《めいくんおおくぼただざね》との運命的出会いが金次郎の一生を決するのである。「一家《いっか》を廃《はい》して万家《ばんか》を興《おこ》す」という決意のもと文政《ぶんせい》六年(一八二三)三月、妻と二つになる彌太郎《やたろう》をともない故郷を立った。栢山村《かやまむら》の多くの人々が涙を浮かべて見送った。金次郎は再び故郷に帰ることはなかった。

桜町《さくらまち》再建に全てを捧げた生活

下野国《しもつけのくに》(栃木県)芳賀郡《はがぐん》にある桜町《さくらまち》(現真岡市《もおかし》二宮町《にのみやちょう》)の領主《りょうしゅ》は宇津教成《うつのりしげ》、禄高《ろくだか》四千石《ごく》の幕府旗本《ばくふはたもと》で大久保の分家《ぶんけ》である。三村からなり昔は戸数《こすう》約四百五十軒《けん》、人口約二千人だったが、段々衰退《すいたい》して約百四十軒、人口約七百人となり田畑《たはた》の三分の二が荒野《こうや》と化《か》した。お百姓《ひゃくしょう》たちはあまりの生活の苦しさに故郷《こきょう》を捨てて都会に逃げていったのである。本来四千石のお米の収穫《しゅうかく》は千石にまで下り、宇津家に収《おさ》められる年貢《ねんぐ》は三千俵《びょう》から九百俵にまで激減《げきげん》していた。宇津家ではどうしようもなく本家《ほんけ》の小田原藩が手を貸《か》してこれまで復興《ふっこう》につとめたがみな失敗した。こうした状態が約百年間も続いてきたのである。

金次郎が大久保忠真に約束したことは、十年間で二千石まで回復《かいふく》することである。宇津家に対しては十年間毎年必ず年貢《ねんぐ》千五俵、畑作物《はたさくもつ》収入百四十五両を収めることを約束するとともに、それ以上の田畑による収穫《しゅうかく》と収入は一切《いっさい》宇津家に納入《のうにゅう》せず桜町復興の資金として使うことを承諾《しょうだく》させた。これまで宇津家の年貢《ねんぐ》は九百俵だから百俵余り多くなるわけであり、それに百四十五両(約四千三百万円)を毎年納入《のうにゅう》してくれるのだから文句《もんく》はなかった。

金次郎は桜町行《さくらまちゆき》にあたり田畑の大半と家屋《かおく》、家財《かざい》を売り七十八両(約二千三百万円)を得《う》るが、この金全てを桜町復興資金として使うのである。金次郎には小田原藩から給料として一年間に七十俵のお米が支給された。これは約五町の田を持つ百姓が四公六民《こうみん》の年貢《ねんぐ》を払った後の収入である。金次郎の生活は質素《しっそ》そのものであった。衣類は木綿《もめん》、食事は飯と汁とおかずが少し。四時起床《きしょう》、十二時就寝《しゅうしん》、朝から晩まで働き続けるが、この生活が最後まで続く。七十俵のお米と七十八両の蓄《たくわ》えがあるのだから普通なら十分裕福《ゆうふく》であり経済的に満《み》ち足《た》りた生活が可能だったが、できるだけ自分の生活をきりつめ余ったお金をすべて桜町復興につぎこんだのである。

金次郎は四時に起き朝食をとり、そのあと桜町三ヵ村を巡回《じゅんかい》するのが一日の仕事の始まりである。百四十軒を一つ一つ訪問してその家についての全てのことを知ることにつとめた。家族一人一人の人柄、働きぶり、暮しぶり、田畑の状態、家計、借金状態、屋根、台所、便所などの家の状態をつぶさに知るとともに、村人《むらびと》のあらゆる相談ごと、悩みごとを聴《き》いて親切に指導した。また、用水《ようすい》、道路、橋、山林《さんりん》などはいうまでもなく三ヵ村の隅々《すみずみ》まで知り尽《つく》した。

金次郎は自分の生活はつつましくしたが、桜町陣屋《さくらまちじんや》（役所兼自宅）で働く部下の人々には心を配《くば》り、毎月一・十五・二十八の三日はご馳走《ちそう》を出して十分に飲み食いさせ慰労《いろう》した。生涯働き続けた金次郎の数少ない楽しみ、息抜きといえば酒ぐらいである。酒は大好きでとても強かった。二升《しょう》（三・六リットル）や三升は軽々と飲んで平然《へいぜん》としていた。それでも大酒を飲むのはこの三日ぐらいでふだんの日はひかえた。金次郎はとても反省心の強い人間であった。「自《みずか》らかえりみよ。何か一つ二つの瑕《きず》あるべし」と言っている。いかに立派な人物でも一つや二つは足りないところ、欠点がある。金次郎も自分の瑕《きず》を自覚していた。酒が大好きだったから、つい大酒を飲んでしまうことをわが瑕《きず》の一つとして戒《いまし》めたのである。

桜町復興の方針――人心の立直《たてなお》し、教化《きょうか》が根本

金次郎は桜町の再建において次の五つの方針を立てて実行した。

(1)極貧者《ごくひんしゃ》の救済《きゅうさい》
(2)善行者《ぜんこうしゃ》の表彰《ひょうしょう》
(3)荒地開墾《あれちかいこん》、用水路・道路・橋の修復《しゅうふく》
(4)神社、仏寺《ぶつじ》の修理
(5)無利息金《むりそくきん》の貸付《かしつけ》

まず(1)について。桜町のほとんどの人々が貧しかったが、その中でも特にひどい極貧者に対して、当面《とうめん》の救いとしてお米や金を与えた。また住む家の屋根が破れ雨漏《あまも》りするような家をひどい順から直してやった。

次に善行者の表彰である。百年間も衰退《すいたい》し続けたから桜町の人々の人心は荒《すさ》みきり、怠惰《たいだ》(仕事にやる気なくなまけること)の風《ふう》が三村《さんそん》を蔽《おお》っていた。いかに働

いても高い年貢《ねんぐ》を取られ自分の生活が良くならないから、まじめに働く気持が湧《わ》かないのである。金次郎はなんとかして人々が誠実《せいじつ》と勤勉《きんべん》の精神を取り戻《もど》し、彼らの生活習慣を改善するために、善行者の表彰を行った。そのため工夫《くふう》を凝《こ》らし、表彰の種類《しゅるい》もいくつも設《もう》けた。耕作出精《こうさくしゅっせい》(田畑の耕作にことに努力すること)、荒地開墾《あれちかいこん》、病人や困っている人々への手助け、子供の世話、手習《てなら》いの指導、除雪《じょせつ》出精《しゅっせい》等々である。これらの善行者を選ぶのに、金次郎は村人の投票(「入札《いれふだ》」という)で決めた。屋根の修繕《しゅうぜん》の順番もそうした。金次郎は村人たちすべてを知り抜いていたから自分で選ぶこともできた。しかしそうすると必ず金次郎は依怙贔《えこひ》屓《いき》しているという不平批判が出てくる。投票にすれば誰も文句はない。一位から三位まで選び、一位は金一両《りょう》(約三十万円)、二位は鎌《かま》二丁《ちょう》、三位は鎌一丁が与えられた。

こうした表彰により誠実、正直、勤勉に働き、村人のために尽くす人々がもれなく認められご褒美《ほうび》まで貰《もら》えることは、人々の勤労意欲《きんろういよく》をかきたてた。これまで農閑期《のうかんき》には日中《ひなか》から酒や賭事《かけごと》に浸《ひた》る悪習《あくしゅう》が久《ひさ》しい桜町であったが、まじめに働けば称賛《しょうさん》され金品《きんぴん》まで与えられるという喜びがこうして生れ、村の雰囲気《ふんいき》が少しずつ変ってゆく。金次郎はこれを十五年間やり続けた。正直者が馬鹿を見ず善行者が称賛《しょうさん》され人々が勤労意欲を取《と》り戻《もど》し、誠実と勤勉の尊《とうと》さを知り、村内に清新《せいしん》な空気が流れこむことにより農村を再建してゆく。これが金次郎のやり方である。つまり金次郎の農村再建は人心《じんしん》の立直《たてなお》し、人心の教化《きょうか》（教えて感化すること）が根本であった。金次郎は桜町始め六百の村々を再建するが全てこうしたやり方による。

三つ目。金次郎は農閑期《のうかんき》、全村民の手で桜町の三分の二の荒地の開墾、用水路・道路・橋の修復《しゅうふく》に全力を尽《つく》した。金次郎は用水路、堰作《せきづく》り、堤防作《ていぼうづく》りなどの土木工事の名人でもあった。また計数《けいすう》（数をかぞえること、勘定《かんじょう》ともいう）にも明るく算盤《そろばん》も達者《たっしゃ》、いかなる計算でも一度やるだけで決して間違わなかった。今日でいえば文科《ぶんか》、理工科《りこうか》双方《そうほう》ともずば抜けた才能の持主であった。

荒地開墾の為に金次郎は他国他郷《たこくたきょう》の人々を高賃金《こうちんぎん》でどんどん使った。金次郎はそれらの人々の働きぶりをよく見て特に勤勉な者には褒美《ほうび》を与えた。ある時金次郎が見ている前で目立って精《せい》を出して働く男がいた。人々は金次郎がきっと褒美を出すと思った。ところがその男は金次郎が見てないときは手抜《てぬ》きした。金次郎はその男をよびつけ、「お前のような不正直者は許すことはできぬ。すみやかに去れ。二度と来るな」と烈火《れっか》のごとく叱《しか》りつけた。こうした時の金次郎の表情は誰も顔を上《あ》げて見られないほど恐ろしく、その声は雷《かみなり》のような大音声《だいおんじょう》だった。男は地べたに額《ひたい》をすりつけ震《ふる》え上《あが》った。その時、村の名主《なぬし》がとりなして男を深く謝罪《しゃざい》させたので許してやった。

金次郎の目をごまかすことの出来る者はなかった。金次郎はただやさしいだけの人間ではなかった。正義心《せいぎしん》が極《きわ》めて強く、不正不義《ふせいふぎ》、邪悪《じゃあく》を許さなかった。人生の辛酸《しんさん》をなめ尽《つく》し人心《じんしん》の裏表《うらおもて》を知り抜いていたから、いかなる人間も一目《ひとめ》でその善悪《ぜんあく》を見抜《みぬ》いた。容易《ようい》にだまされるお人好《ひとよ》しではなく、天性《てんせい》の慈悲心《じひしん》と明智《めいち》と百獣《ひゃくじゅう》の王の如《ごと》き威厳《いげん》(おごそかで堂々としたありさま)、峻厳《しゅんげん》(とてもきびしいこと)さをあわせ持っていた。身分《みぶん》は百姓だが生来《せいらい》の天分《てんぶん》(生まれつきもっている性質)は天下に号令《ごうれい》するに足《た》る英雄のそれであった。名君大久保忠真《めいくんおおくぼただざね》だけがそれを見抜いていた。

ある時、金次郎は人々があまりしたがらない木の根《ね》ほりをほとんど休むことなくやり続ける一老人の勤勉さを認めて、十五両（四百五十万円）もの褒美《ほうび》を与えた。年老いて壮年者《そうねんしゃ》の半人前《はんにんまえ》の仕事しか出来ないと思っていたその老人は固《かた》く辞退《じたい》した。すると金次郎は「お前は他人の嫌《きら》う木《き》の根《ね》を掘《ほ》って数ヵ月尽《つく》してくれた。その為この開墾《かいこん》はとても速く完成した。褒美を辞退《じたい》しようとするその心の清らかで正直なことは他人の及ぶところではない。今与える金は天（神のこと）がお前の誠実をあわれみほめて下さるものと思って、ありがたく受け取ってくれ」

老人は涙を流し手を合《あわ》せてお金をおし戴《いただ》いた。やさしく語る金次郎の目にも涙が光った。これが金次郎の人の使い方であった。金次郎はこうして誠実、正直、勤勉の尊《とうと》さを人々に教えたのである。

感謝と報恩が人の道――神社・仏寺の修復《しゅうふく》

四つ目。金次郎が桜町再建において最初にしたことの一つが、神社・仏寺の修《しゅう》復《ふく》である。現在の人々ならこう思うかもしれない。桜町が衰退《すいたい》し村人が生活に苦しんでいるとき、神社やお寺の修復をなぜ先にするのか。それは再建後にしたらよいではないか。順序が逆《ぎゃく》ではないのか。

金次郎の考えはこうだ。桜町が衰退した一番大きな理由は人心の荒廃《こうはい》にある。人々が人間として正しい生き方を忘れ、感謝《かんしゃ》と報恩《ほうおん》の心を失ったことがその原因であるとした。神社やお寺が荒《あ》れ果《は》てているということは、人々が感謝・報恩の心を忘れ人の道を失っているということの何よりのしるしであった。それゆえ桜町の再建にあたり、まず皇祖《こうそ》(天皇のご祖先《そせん》)、神々《かみがみ》、土地の氏神《うじがみ》(先祖《せんぞ》の神)、祖先の祭祀《さいし》(神、祖先をまつること。またその儀式《ぎしき》)を営《いとな》む神社やお寺に対して感謝と報恩の誠《まこと》、真心《まごころ》をあらわすことが、人間として生きてゆく上《うえ》の根本の道であるとして、荒れはてた神社、お寺の修復《しゅうふく》をまず始めに行ったのである。

少年時、天と地と人の恵《めぐ》みつまり徳《とく》によって生かされている自分を知り、天・地・人への感謝と報恩こそ人間の道の根本であることを感得《かんとく》した金次郎にとって、神社、お寺の修復こそ最初にしなければならないことであったのである。これまで日本人は神も仏も一つのものとして拝《おが》んできた。家庭には神棚《かみだな》と仏壇《ぶつだん》をおき、毎日神仏《しんぶつ》、先祖の子孫《しそん》へのお守りに手を合せ感謝してきた。市町村には神社、お寺がおかれ、神仏への感謝と報恩を昔から今まで怠《おこた》りなくやってきたのが日本人である。これをおろそかにすると町や村、各家庭そして日本という国が衰退する。金次郎は桜町の指導者として、人間として日本人としての最も大切なことをまず始めに人々に教えたのである。

無利息金《むりそくきん》の貸付《かしつけ》――人々に自立心を奮い立たせる

五つ目。桜町のほとんどの農民は借金に苦しんでいた。金次郎が人々を借金《しゃっきん》苦《く》から救おうとして行ったのが無利息金《むりそくきん》の貸付《かしつけ》である。農民は高利貸《こうりがし》から借りたが、当時の利息《りそく》は少なくても年二割である。もし五両借りて五年間で支払《しはら》う場合、利息は五両、合計して倍の十両《りょう》を支払わなければならない。この借金《しゃっきん》地獄《じごく》から農民を救わないかぎり桜町は再建できない。

金次郎が桜町に行く時、小田原藩は村人に与える補助金《ほじょきん》を持たせようとした。だが金次郎はこれをことわったのである。なぜだろう。金次郎は桜町衰退の歴史を調べ抜《ぬ》いていた。これまで藩から派遣《はけん》された再建担当者は、必ず少なくない補助金を各家に与えた。ところが補助金を貰《もら》い続けても農民の生活は少しもよくならず益々《ますます》貧しくなっていった。補助金を受けた時は借金の一部も払いひとときの生活は楽《らく》になる。しかしやがて使い果《は》たした人々は一層貧窮《いっそうひんきゅう》していった。つまり補助金は桜町の人々を救えなかったのである。どうしてであろう。

補助金は藩から与えられたただ金《がね》である。この補助金というただ金は人々に依《い》頼心《らいしん》をおこさせなまけ心と乞食根性《こじきこんじょう》を増長《ぞうちょう》させ、自立心《じりつしん》を奪《うば》い農民を堕落《だらく》させるだけであったのである。人が他人からいわれなくただ金をもらうことは乞食《こじき》の為《な》すところであり、自尊心《じそんしん》のある人間の行うことではなかった。つまり金次郎は補助金が人々の依存心《いぞんしん》を増し勤労意欲《きんろういよく》を失わせ、人々を堕落《だらく》させるもとと見たからことわったのである。

人々が依頼心を起こさずに自ら奮《ふる》って立上《たちあが》る為に金次郎が考えたのが利息《りそく》のつかぬ金を村人に貸すことであった。自ら立上る手助《てだす》けとして無利息金《むりそくきん》を貸す。たとえ生活に苦しむ人であっても極貧者《ごくひんしゃ》でない限りただ金を与えない。借りた金、受けた恩は必ず返すという義務《ぎむ》と責任を負わせることこそ人の人たる道であることを教えることにより、人々の精神と生活を立直《たてなお》すことができると考えたのである。そうしてこうしたやり方こそ人々への本当の慈愛《じあい》と思った。

金次郎はこの無利息金をいかに準備《じゅんび》したのか。それが田畑家財を売った七十八両《りょう》の自分の金である。これに日々の生活をきりつめて蓄《たくわ》えた金を継《つ》ぎ足《た》した。この無利息金は後《のち》に報徳金《ほうとくきん》とよばれるが、最盛期《さいせいき》五千両《りょう》(約十五億円)もの報徳金を運用《うんよう》して村々人々を救ってゆくのである。

村人はこの無利息金の貸付《かしつけ》を心から喜んだ。もう高利貸《こうりがし》から借りる必要がなかった。金次郎は貸付にあたり人々に対して人の道を教えることを忘れなかった。それは借金を返すとき、余力があるならばご恩返《おんがえ》しとして幾分《いくぶん》かの金を添《そ》えるのが人の道であり義務《ぎむ》であることを教えたことである。もし五両を借りた場合、無利息だから五両払えばよい。しかし五両借りた恩がある。その恩返しを何らかの形で表わすのが人の道である。そこで金次郎は五両借りたならご恩返しとして一両加え六両支払う。一両払えない人は米一俵あるいは野菜をつけ加えることを人々に教えさとした。これらの金や米は無論報徳金に繰《く》りこまれた。報徳金は多ければ多いほど村々人々を救うことができる。こうして金次郎は無利息金の貸付により人々を物心両面《ぶっしんりょうめん》から救い、人々に感謝と報徳の心を植《う》え付《つ》けたのである。

金次郎は桜町の荒地《あれち》を開墾《かいこん》したのだが、実は人々の荒《あ》れはてた心を耕《たがや》したのである。「わが本願《ほんがん》（一番の願い）は人々の心の田の荒蕪《こうぶ》（荒れはてていること）を開拓《かいたく》すること。心の荒蕪一人《いちにん》開ける時は地の荒蕪は何万町あっても憂《うれ》うことはない」金次郎の残した素晴らしい金言《きんげん》である。重《かさ》ねて言おう。金次郎の農村復興事業の根本は人々の心を正しく変えること、人心の教化《きょうか》、人々の精神の立直《たてなお》しが第一であった。

3、農村復興の神様
――桜町を再建した大慈大悲《だいじだいひ》の至誠《しせい》

上役《うわやく》と村内一部の再建妨害《さいけんぼうがい》

大事業には必ず障害《しょうがい》や困難がつきまとう。桜町復興に全てを捧《ささ》げて尽《つ》す金次郎にほとんどの村民がつき従ったが、一部がそっぽを向き抵抗し妨害《ぼうがい》した。どうしてそうしたのであろうか。彼らはこう思ったのだ。桜町はこの百年間衰退《すいたい》し続けて誰が見ても再建は不可能である。これまで小田原藩からやってきた者はみな失敗した。今度は百姓出《ひゃくしょうで》の金次郎がやってきたが成功するはずがない。失敗するに決まっている再建事業に協力しても骨折《ほねお》り損《ぞん》のくたびれ儲《もう》けである。彼らなりに理屈は通っている。

反対派は自分さえよければよいという自己中心的な者と怠《なま》け者である。彼らには誠実さと勤勉さが欠けているから、金次郎のまじめなやり方、精勤《せいきん》さにとてもついてゆけない。補助金を持ってこなかったことも癪《しゃく》にさわった。朝から夜遅くなるまで働き続けることが馬鹿らしくてしかたないのである。自分の家族さえ食べてゆければ、あとは酒をくらい博打《ばくち》でもやって好きに遊んで過ごしたいという連中《れんちゅう》であった。その日暮《ひぐら》しで一年先のことも考えない彼らは、十年後の桜町の再生《さいせい》を目指《めざ》す金次郎の高遠《こうえん》な理想と熱願《ねつがん》などとうてい理解できないのである。だから荒地開墾《あれちかいこん》などの村民の共同作業に一切協力しなかった。金次郎がいかに説得しても応《おう》じなかった。

この一部の村民の抵抗に加えて金次郎を悩ましたのが上役《うわやく》の妨害《ぼうがい》である。桜町陣屋《じんや》の責任者は勤番《きんばん》といい、その主席《しゅせき》と補佐役《ほさやく》の二人が金次郎の上司《じょうし》であり藩から派遣《はけん》されていた。上役は何度か交代した。協力してくれた良い人もいたが、後半にやってきた上役がとてもひどい人間であった。それが六年目に勤番として赴《ふ》任《にん》した豊田正作《とよたしょうさく》である。「百姓出の金次郎がもし成功したら我ら武士の面目《めんぼく》が潰《つぶ》れる」と思った豊田は金次郎に正面から妨害《ぼうがい》して村民に、「金次郎の命令を聞くことは許さぬ。自分の命令に従え。そうしなければ厳《きび》しい罰《ばつ》を与える」と威《おど》し、金次郎を罵《ののし》り嘲《あざけ》った。金次郎は言葉を尽して説得したがどうにもならなかった。

困《こま》り果《は》てた金次郎は夫人《ふじん》の波子に命じて、酒と料理を十分用意して豊田をご馳《ち》走攻《そうぜ》めにした。酒好きの豊田は数日間酒浸《さけびた》りでしばらく口を出さなかったが、結局うまくゆかず豊田の妨害はやまなかった。

小田原藩はどうしてこのような人物を送りこんだのかというと、金次郎が成功して藩の財政《ざいせい》再建の主任《しゅにん》となることを何としても阻止《そし》しようとしたからである。金次郎の復興事業は反対派の妨害があったものの次第《しだい》に成果《せいか》を上げ、五、六年目の米の収穫は大きく増加していた。にもかかわらず鬼のような上司《じょうし》がやってきて、金次郎は最難関《さいなんかん》にぶつかり七年目まったく行《ゆ》き詰《づま》ったのである。その時四十二歳であった。

成田不動《なりたふどう》での二十一日間の断食祈願《だんじききがん》

八年目を迎えた文政《ぶんせい》十二年(一八二九)正月始め、江戸に出ていつもの通り大久《おおく》保忠真《ぼただざね》と宇津教成《うつのりしげ》に新年の挨拶《あいさつ》をした後、川崎大師《かわさきだいし》にお参《まい》りした。そのあと桜町に帰らず行方《ゆくえ》がわからなくなった。十日、二十日たっても戻《もど》らないので桜町で大《おお》騒《さわ》ぎとなった。

金次郎は戻《もど》るに戻れなかった。このままでは桜町の再建は失敗に終る。一体どうすればよいのかとあちこちを転々《てんてん》として悩みに悩んだのである。どうして一部の人々はどこまでも抵抗、妨害をやめないのだろう。自分の誠心誠意《せいしんせいい》がいまだ十分でないからだろうか。桜町再建のために私《わたくし》を捨て身命《しんめい》を捧《ささ》げている努力が成《じょう》就《じゅ》しないのはどうしてか。そもそも自分はこのような大任《たいにん》にあたるべき人間としてふさわしくないのだろうか。為《な》すべきことはすべてつくしたけれども、もう人《じん》力《りょく》ではどうにもならぬ絶体絶命《ぜったいぜつめい》の立場に追いこまれた金次郎は、三月半《なか》ばすぎ下《しも》総国《うさのくに》の成田不動《なりたふどう》（千葉県成田市にある真言宗《しんごんしゅう》のお寺）にたどりつき、二十一日間の断食祈願《だんじききがん》を行うのである。

成田山新勝寺《なりたさんしんしょうじ》の貫首《かんす》（お寺の最高位の僧）照胤《しょういん》は一目《ひとめ》で金次郎がただ者ではないと見抜いて、何の為の断食祈願かと尋《たず》ねた。金次郎はこう答えた。

「自己の病いや繁栄の為ではありません。桜町の復興と人々の救済《きゅうさい》の為です。桜町に来てすでに七年、着々《ちゃくちゃく》と実行していますが人心の理解が十分得られず障害《しょうがい》が少なくありません。そこで私は天地神明《てんちしんめい》（神のこと）にわが誠《まこと》が通《つう》じるまで死すとも食べず、桜町の民を救うことができなければわが身を猛火《もうか》に投《とう》ずる覚悟をして不動尊《ふどうそん》に祈願《きがん》するためにやって参《まい》りました」

照胤《しょういん》は深く感じ入り金次郎に協力を惜しまなかった。こうして三月十七日より毎日水と塩だけの断食修行《だんじきしゅぎょう》が始まった。朝夕、本堂で行われる護摩行《ごまぎょう》（真言宗の修行《しゅぎょう》の一つで木を燃料としてその火により一切の悪業《あくごう》を焼き滅ぼす行法《ぎょうほう》）、不動尊《ふどうそん》（不動明王《ふどうみょうおう》ともいう。宇宙大生命の分身《ぶんしん》）の前での祈りと読経《どきょう》、写経《しゃきょう》、一日数回冷水《れいすい》をかぶる行《ぎょう》などだが、それは命がけの祈願《きがん》であり修行《しゅぎょう》であったのである。金次郎が不動尊に祈ったのが次の七つの誓願《せいがん》である。

「禍《わざわ》いを転《てん》じて福《ふく》と為《な》し凶《きょう》を転《てん》じて吉《きち》と為《な》し、借財《しゃくざいへん》変じて無借《むしゃく》と為《な》し、荒地変《あれちへん》じて開田《かいでん》と為《な》し、瘠地変《やせちへん》じて沃土《よくど》と為《な》し、困窮変《こんきゅうへん》じて安楽《あんらく》と為《な》し、一切人民《いっさいじんみん》の悪《にく》む所《ところ》を除《のぞ》き、一切人民《いっさいじんみん》の好《この》む所《ところ》を悉《ことごと》く之《これ》を与《あた》えよ」

私《わたくし》なき聖《せい》なる祈りであった。人々から苦しみを取り除き楽《らく》を与えんとする観《かん》世音菩薩《ぜおんぼさつ》（ふつう観音様《かんのんさま》という）の慈悲《じひ》の祈りそのものであった。少年時、観音経《かんのんぎょう》を聴《き》いて感動した金次郎は観世音菩薩の化身《けしん》（生まれかわり）、権化《ごんげ》（かりの姿）であるかのように一心に祈り続けたのである。何《なん》と尊《とうと》い姿であろう。祈りというのは一言でいうと、神仏《しんぶつ》あるいは天地自然の万物《ばんぶつ》を生み育てる宇宙の大生命に対して、心から感謝し、拝《おが》み帰依《きえ》（神仏にしたがい深く信頼すること）し全託《ぜんたく》しおまかせすることである。金次郎は人力《じんりょく》の限りをつくして努力したがどうにもならなくなり、無我無心《むがむしん》になって成田の不動尊《ふどうそん》に祈ったのである。

深い反省と悟り――自他《じた》一体《いったい》・万物《ばんぶつ》一体《いったい》・「一円融合《いちえんゆうごう》」

金次郎は日々祈りつつ自分を深く省《かえり》みたがこう思うに至《いた》った。自分は桜町再建の為に全てを捧《ささ》げ誠を尽してきたのに、一部の人々が反対妨害《ぼうがい》した。金次郎は極《きわ》めて心の正しい人間だったから、邪心《じゃしん》をもつ不誠実で怠惰《たいだ》な反対者を許し難《がた》く思い、心の中で強く彼らを非難《ひなん》した。金次郎はここに自分の大きな間違いがあったと気づいた。金次郎はこう記《しる》している。

「忠勤《ちゅうきん》を尽《つく》してその弊《へい》を知《し》らざれば忠信《ちゅうしん》に至《いた》らず」

「忠勤《ちゅうきん》を尽《つく》して至善《しぜん》と思《おも》う者《もの》は忠信《ちゅうしん》に至《いた》らず」

「慈愛《じあい》を尽《つく》してその弊《へい》あるを知《し》らざれば慈愛《じあい》に至《いた》らず」

忠勤とは誠の心で仕事につとめること。弊《へい》とは弊害《へいがい》、悪いこと、害になること。忠信とは誠、真心。至善とはこの上ない善いこと。たとえ誠の心でつとめても、自分は桜町と村人の為にすべてを捧げてこの上ない善い事をやっているのだという自分の努力を誇《ほこ》る心、高慢《こうまん》な心、思い上《あが》りが少しでもあるなら、それは人々に対する本当の誠、真心として伝わらないという意味である。慈愛も同じである。慈愛をもって接している人間はいないという思いがあった。村人に対して自分ほど村民に対して慈愛を尽している者はいないという自負《ふ》（自慢、うぬぼれ）と誇りの心があるから、反対者を強く非難し憎む心が出てくる。この相手を打つ心が、反対者を一層反発《いっそうはんぱつ》させてきたことに気づくのである。金次郎はこれを心から深く反省し、悪かったのは反対者ではなく自分であった、妨害者を憎まず怨《うら》まず、一切《いっさい》の責任は自分にあると思ったのである。こう記している。

打《う》つ心《こころ》　あらば打《う》たるる　世《よ》の中《なか》よ
打《う》たぬ心《こころ》に　打《う》たるるはなし

それは高く深い宗教的な悟《さと》りの境地《きょうち》でもあった。金次郎が二十一日間の断食《だんじき》修行《しゅぎょう》によって達した悟りは、「万物一円相《ばんぶついちえんそう》」「一円仁《いちえんじん》（愛、いつくしみ、思いやり）」

「一円融合《いちえんゆうごう》（融《と》け合ってひとつになること）」とよばれている。対立、闘争をこえた自他一体《じたいいったい》、万物一体《ばんぶついったい》の相《すがた》を「万物一円相」「一円仁」「一円融合」と金次郎は表現したのである。金次郎はまたこうのべている。

己《おの》が身《み》を　うち捨《す》てて見よ　そのあとは
　一つのほかに　あるものはなし

己《おの》が身《み》を　うち捨《す》てて見よ　そのあとは
　みんな一《ひと》つの　心なりけり

金次郎はこの「一つ」「一つの心」を「一円」「一円相」「一円仁」とよんだのである。そうしてこう記した。

「忠勤《ちゅうきん》を尽して報恩《ほうおん》と思わば忠信《ちゅうしん》に至る」

神仏、天・地・人の恩恵《おんけい》にひたらす報《むく》いるという心をもって人々に対して誠の心で尽すならば、それは必ず人々の心に深く通ずる。二十一日目の満願《まんがん》（日数を定めて神仏に祈願し、その日数が満つること）の日、金次郎はついにこの深い悟りに達《たっ》したのである。

桜町の復興――反対派首領《しゅりょう》の懺悔《ざんげ》・更生《こうせい》

桜町の人々は金次郎が上役《うわやく》と反対派の妨害についに堪忍袋《かんにんぶくろ》の緒《お》を切って、復興をあきらめ桜町を見捨《みす》てたと思った。一ヵ月たっても二ヵ月たっても帰ってこないのを見て、村人は心痛《しんつう》し落胆《らくたん》し絶望《ぜつぼう》のどん底にたたきこまれ、親を失った子のように嘆き悲しんだ。村人の多くは金次郎を唯《ただ》一つの希望の光として仰《あお》ぎ、「二宮様に従ってついてゆくなら百年荒廃《こうはい》した桜町はきっと救われるに違いない」と信じてやってきたのである。その金次郎が桜町を捨てた……。金次郎にこそうさせた上役と反対派に対して村民の激しい怒りと非難《ひなん》が集中《しゅうちゅう》した。ここに奇蹟《きせき》が起きた。反対派は村民の憤怒《ふんぬ》に戦慄《せんりつ》（ひどくおそれること）するとともに、はじめて自分らの犯《おか》したあやまちに気づき反省、前非《ぜんぴ》を悔《く》い心を入れかえたのである。また豊田は三月二十日勤番《きんばん》を解《と》かれた。

金次郎が成田にいることがわかり、村人代表が成田に訪れた日がちょうど満願《まんがん》の四月七日である。代表らは「桜町三村の人々全て先生の不在を心から憂《うれ》え、今後万事《ばんじ》先生の指揮《しき》に違《たが》わず勉励《べんれい》致す決意です。先生どうか村人を憐《あわれ》み下さりお帰り下さいませ」と額《ひたい》を畳《たたみ》にすりつけて懇願《こんがん》した。金次郎はわが願いが神仏《しんぶつ》にかなったことを深く悦び、感謝して、おかゆをさらさらと食べて翌八日、飛ぶようにして帰村《きそん》した。村人はみな慈父《じふ》を迎えるように喜びの涙を流した。金次郎の桜町の人々を切《せつ》に思う大慈大悲《だいじだいひ》(心からのいつくしみ、この上なく深い愛情)の神願《しんがん》、命懸けの至誠《しせい》がついに桜町全ての人々の心を変えたのである。

以後、八年目から十年目までの三年間、全村民が一丸《いちがん》となって尽力《じんりょく》、復興は急速《きゅうそく》に進行《しんこう》、十年目の天保《てんぽう》二年(一八三一)ついに桜町の再建が成功した。金次郎は約束の二千石を上回《うわまわ》る三千石まで回復させた。時に四十五歳。約束は十年間だったが、村人のたっての要請《ようせい》であと五年継続《けいぞく》した。

十五年目の天保《てんぽう》七年（一八三六）、桜町は本来の四千石に回復した。従って三千俵の年貢《ねんぐ》が可能であったが、金次郎は千俵減らし二千俵を宇津家《うつけ》に納《おさ》めることを承諾《しょうだく》させた。残り千俵は貯蓄《ちょちく》し非常に備《そな》えた。桜町の村民にとり三千俵の年貢が二千俵に下ったことは大きな減税《げんぜい》であった。十五年間に蓄《たくわ》えたお米は八千五百俵だが、これが天保の飢饉《ききん》の時には村民を餓死から救った。二つの神社と二つのお寺が再建され、民家《みんか》は九十六軒新築された。こうして桜町の村々、人々は百年の衰退《すいたい》と荒廃《こうはい》から救われ蘇生《そせい》（生き生きとよみがえること）したのである。

金次郎が復興に成功したのは人心の立直《たてなお》しに成功したからである。金次郎に救われ生まれ変った一人が反対派の頭《かしら》、岸右衛門《きしえもん》である。岸はかなりの田畑、財産をもつ大百姓《だいひゃくしょう》であった。才知《さいち》はあったが利己主義《りこしゅぎ》のかたまりで共同作業に一切《いっさい》出ず金次郎を非難《ひなん》、罵倒《ばとう》し、三味線《しゃみせん》や謡曲《ようきょく》で遊び勝手《かって》気ままの限《かぎ》りを尽《つく》した小《しょう》悪党《あくとう》であった。しかし金次郎が断食祈願を行ったとき過《あやま》ちを反省し深く詫《わ》びを入れ、以後共同作業に汗を流して働いた。ところが村人は岸の改心《かいしん》を信用しなかった。それほど村人の反感《はんかん》を買っていたのである。岸は金次郎に「先生、私は心を入れかえて一心につとめているのに人々はどうして信用してくれないのでしょうか」と訴えた。金次郎はこう言った。

「お前はこれまで私欲《しよく》のかたまりだった。だからお前が私欲を去らぬ限り人々はお前を信用しないのだ」

「お教えに従い私欲を捨てようと思いますが、どうすればよいのでしょうか」

「お前がこれまで貯《たくわ》えてきた財産を出し窮民救助《きゅうみんきゅうじょ》の用にせよ。また田畑をすべて売り払い桜町の為に出せ。私欲を去り私財《しざい》を譲《ゆず》り村人の為に尽すことは善事《ぜんじ》であり、自分を捨てて人に恵むことより尊《とうと》いことはない。お前のこれまではただ私《し》利私欲《りしよく》の禽獣《きんじゅう》の道だったから、たとえ共同作業で働いて見せようが村人は信用しないのだ。禽獣の行いを去り人道《じんどう》のこの上なき善を行うならばお前の私欲の汚《けが》れが取れて、人々もこれを見てお前の行いに感じてお前を信ずることは疑いない。どうだ、これが出来るか」

金次郎の言葉は岸の骨身《ほねみ》を鋭く刺《さ》した。今こそ本当の人間に生まれ変りたいと思った。しかしその為には全財産と田畑を投げ出さねばならない。岸はありありと苦悶《くもん》（苦しみもだえること）の表情を浮かべた。金次郎はそれを見てとり、「お前が断然《だんぜん》これを実行するなら、どうして私が黙《だま》って見ていよう。お前と家族に救いの手をさしのべよう」といった。岸は意を決して実行を誓い、帰宅してそれを家族に告《つ》げた。すると年老いた母と妻子《さいし》から泣いて反対されて決心がぐらつき実行できなくなった。金次郎は「これ岸の一心にあって婦女子《ふじょし》にあるのではない。ああ小人《しょうにん》（凡人《ぼんじん》、岸のこと）はもとより君子《くんし》（立派な人物）の行いを踏むことはできない。岸にこれを教えたのは私の誤りだった」と嘆《なげ》いた。これを伝えきいた岸は今度こそ心を定め、田畑財産すべてをさし出した。金次郎は直ちに数ヵ月分の米、生活費とともに荒地《あれち》数町《すうちょう》を岸に与え、多くの人々を使って開墾《かいこん》させた。その秋百俵ものお米がとれた。岸は以後七、八年間毎年無年貢《むねんぐ》で百俵の収入が得られた。それは約五、六町もの田をもつ豪農《ごうのう》の収入である。岸は大懺悔《だいざんげ》して桜町の為に全てをさし出したが、やがて以前に倍する財産をもつに至った。以後岸は金次郎の忠実《ちゅうじつ》な弟子《でし》となり桜町の為に尽した。これが金次郎の人心教化《じんしんきょうか》のやり方であった。

4、至誠《しせい》・報徳《ほうとく》の真の日本人の道

わが道は至誠と実行のみ

尊徳《そんとく》は世を救い人々を助け村々を再建する悲願《ひがん》、神願《しんがん》を立て、約六百もの農村を立直《たてなお》し農村復興の神様と仰《あお》がれた。尊徳の尊《とうと》く気高《けだか》い生涯を貫いたものは一言でいうと至誠《しせい》(誠、真心)とその実行であった。こうのべている。

「わが道は至誠と実行のみ。だから才智《さいち》や弁舌《べんぜつ》を尊重《そんちょう》しない。古語《こご》に『至誠神の如《ごと》し(至誠は神のようだ。神に近いという意味)』というが、至誠は神そのものである。世の中において智恵や学問がいくらあっても、至誠とその実行がなければ物事は決して立派に成り立たない」

「ただ至誠だけが天と地と人を動かすことができるのだ。至誠の心をもってわが身《み》を投げうち人々を幸福にしようとつとめるとき、どうして国々、村々が再興しないことがあろうか」

「一人の心はまことにわずかで無力のようにみえるが、そうではない。人間の至誠は死者の霊魂《れいこん》を感動させるだけではなく、天地自然、宇宙にも通じ感動させることができる」

至誠とは神そのものだから、生者《せいじゃ》だけでなく死者の霊魂《れいこん》もそして宇宙、天地自然をも動かすことができるといっているのである。尊徳は才智《さいち》と弁舌《べんぜつ》においても並ぶ者がなかったが、人間として何より大切なものは至誠でありその実行というのが尊徳の根本信念《こんぽんしんねん》であった。そしてこの至誠の心をもって、天・地・人の恩《おん》恵《けい》、恩徳《おんとく》に報《むく》いることが、人間の本当の生き方であるとしたのである。

「わが道は徳に報《むく》いることにある。それは三才《さんさい》（天・地・人のことをいう）の恩徳《おんとく》に報いることである。ああ三才の恩徳は広大《こうだい》である。人間がこの世に生きることができるのはすべて三才の恩徳が存在するからである。だからわが道はこの天・地・人の恩徳に報いることをもって本《もと》とする」

さらに尊徳はこうのべている。

「仮《かり》の身《み》を　元《もと》のあるじに　貸渡《かしわた》し
　民安《たみやす》かれと　願《ねが》ふこの身《み》ぞ

元のあるじとは天（神）のことだ。この仮《かり》の身をわが身と思わず生涯いちずに世の為人の為のみを思い、国のため天下のために利益のあることのみ勤《つと》め、一人たりとも一村たりとも困窮《こんきゅう》を免《まぬが》れ裕福になり、土地開け道路・橋が整い安穏《あんのん》に生活できるようにとそれのみを日々の勤《つと》めとして、朝夕《あさゆう》願い祈りて怠《おこた》らざるわが身《み》であるという心を詠《よ》んだものである。これは私一生の覚悟である」

日々の修養と反省

尊徳は宗教家ではなかった。しかし尊徳以上の高徳《こうとく》の仏教者《ぶっきょうしゃ》、儒学者《じゅがくしゃ》はほとんどいなかった。桜町始め多くの村々の人々から生神様《いきがみさま》と尊敬されたが、尊徳は日々《ひび》の修養と反省を決して怠《おこた》ることはなかった。次の文はある人に与えたものだが、同時に自分自身への戒《いまし》めである。

「人に説くことを止《や》めて自分自身に意見せよ。寝ても覚めても坐《ざ》しても歩いても行住坐臥《ぎょうじゅうざが》（日常生活のすべて）油断《ゆだん》なく意見すべし。もし自分が酒を好まば多く飲むことをやめよと意見すべし（尊徳は酒好きだったからこう言って自分を戒《いまし》めている）。驕奢《きょうしゃ》（おごりたかぶりぜいたくすること）の念が起きる時も、安逸《あんいつ》（だらだらすごすこと）の欲が起こる時も同じである。この様に自ら戒《いまし》め自分の身が修まったならば、他人は言うことを聞いてくれる」

至誠の道は嘘《うそ》、偽《いつわ》りを言わないことから出発する。

「戯《たわむ》れにも偽《いつわ》りを言ってはならない。偽りの言葉から大事件を引きおこし、一言《ひとこと》の誤《あやま》ちより大きな禍《わざわ》いを引《ひ》き出《だ》すことがよくある。だから昔の人は、『禍《わざわ》いは口《くち》より出《い》ずる』と言っている」

またこう言っている。

「上《うえ》を悪く言い人を咎《とが》めることは大きな間違いである。自らをかえり見よ。わが身に瑕《きず》、欠点のない人はいない。どんな人でも一つや二つの瑕《きず》をもっている」

尊徳の反省心がいかに強かったかがわかる。

またこういう言葉を残している。

「鋼鉄《こうてつ》は焼き、冷《ひや》し、打ち、敲《たた》き、焼き、冷し、打ち、敲《たた》き而《しこう》して後《のち》、始めて折れず曲《まが》らんものとなるなり。人もまたかくのごとし」

少年時から困難、辛酸《しんさん》をなめつくした尊徳ならではの金言《きんげん》である。

尊徳は神道《しんとう》、仏教、儒教を深く学びその真髄《しんずい》(根本)を極めた。

「世の中に誠《まこと》の大道《だいどう》はただ一筋《ひとすじ》である。神道《しんとう》、仏教、儒教と別々に見えるがみな大道に向う入口である。仏教は各宗派に分れているがこれも同じで、入口はいくつもあるが至《いた》るところは必ず一つの誠《まこと》の道である。神儒仏《しんじゅぶつ》の書は数万巻あるが、その道を極《きわ》める時、世を救い世の中に利益をもたらすほかに道はない」

神道《しんとう》、仏教、儒教は「一つの誠の道」に帰するというのが尊徳の確信《かくしん》であった。だから宗教争いは必要ない。神と仏の関係についてこうのべている。

「天地の間に存在する物はみな天の分身《ぶんしん》である。人間も動物も植物もみな一体である。みな天の分身として神仏の命の表われであるから、仏教にては『悉皆成《しっかいじょう》仏《ぶつ》（天地自然の万物が仏の命の表現）』と説いている。わが国は神国《しんこく》である。だから『悉皆成神《しっかいじょうしん》（すべてが神の命の表現）』というべきである」

日本人は昔から「神仏（かみほとけ・しんぶつ）」といってきた。名は違っても神仏は一つと思ってきたのである。

尊徳は独学でこうした高い宗教的悟りに達した。尊徳の師は天地自然であった。「わが教えは書籍《しょせき》を尊《とうと》ばず、天地《てんち》をもって経文《きょうもん》（教典《きょうてん》）とす」という尊徳は次の歌を詠んだ。

音《おと》もなく　香《か》もなく常《つね》に　天地《あめつち》は
　書《か》かざる経《きょう》を　くりかへしつつ

尊徳は、神道《しんとう》、仏教、儒教は根本において一致《いっち》するとして、「神儒仏正味一粒丸《しんじゅぶつしょうみいちりゅうがん》」と言っている。当時の薬は丸薬《がんやく》といって丸い粒《つぶ》で出来ている。この「神儒仏正味一粒丸」を飲んでその教えを身《み》に体《たい》して生活しなさいというのだ。ある人が「神儒仏正味一粒丸」の分量を問うと、尊徳は神一匙《ひとさじ》、儒仏半匙《はんさじ》と答えた。この「神儒仏正味一粒丸」を尊徳は「報徳教《ほうとくきょう》」ともいっている。

皇国《こうこく》固有の大道《だいどう》・神道の尊重

尊徳は仏教と儒教を深く学んだが決してそれに偏《かたよ》ることはなかった。江戸時代は儒教が盛んであったから、シナかぶれ、シナ崇拝者《すうはいしゃ》になる学者がいたが尊徳はそうならず、また仏教くさくもならなかった。それはわが国には固有《こゆう》の大道《だいどう》である神道《しんとう》があることを深く自覚していたからである。次の歌はそれを詠《よ》んだものである。

　おもへただ　から(天竺《てんじく》)学《まな》びする　人とても
　　わが身《み》をめぐむ　この日《ひ》の本《もと》を

「から学び」とは儒教などシナの教えを学ぶこと。「天竺《てんじく》(インドのこと)学《まな》び」とは、インドからきた仏教を学ぶこと。いくら儒教、仏教を学んでもよいが、この日本の国土の恵《めぐ》みを受けて日本人として生きる上に決して忘れてはならないことは、先祖《せんぞ》から受け継いできた皇国日本《こうこくにっぽん》の大道である神道《しんとう》が根本であるという意味である。

　古道《ふるみち》に　積《つ》もる木《こ》の葉《は》を　かきわけて
　　天照《あまてら》す神《かみ》の　足跡《あしあと》を見《み》む

尊徳はこうのべている。
「古道《ふるみち》とは皇国固有の大道である。積もる木の葉とは儒仏始め諸子百家《しょしひゃっか》の書籍《しょせき》の多さをいう。落ち積もる木《こ》の葉《は》をかきわけて天照大御神《あまてらすおおみかみ》（皇室《こうしつ》のご祖先《そせん》）の残された『皇国固有の大道』である神道を正しく理解することこそ日本人の勤めである」

尊徳は次の歌を詠《よ》んだ。

天地《あめつち》の　神《かみ》と皇《きみ》との　恵《めぐ》みにて
世《よ》を安《やす》く経《ふ》る　徳《とく》に報《むく》えや

天地《あめつち》の　君《きみ》と親《おや》との　恵《めぐ》みにて
世《よ》を安《やす》らはむ　徳《とく》に報《むく》えや

※皇・君＝天皇

この二首に尊徳の全ての思いがこめられている。

尊徳は日本歴史上の真《しん》の偉人がみなそうであったように、真に神と天皇を尊び敬う人物であったのである。

尊徳の精神は不滅

尊徳の報徳の道をほかの言葉でいうとこうなる。

「至誠《しせい》をもって本《もと》となし、勤労《きんろう》をもって主《しゅ》となし、分度《ふんど》を立て、推譲《すいじょう》を行う」

分度とは、収入に応じた分相応《ぶんそうおう》の生活。推譲とは慈愛《じあい》の心、利他《りた》の精神で世のため人のために自己を捧《ささ》げる心と行為で、収入を全部使いきらず子孫のために残し他人の救助や社会のためにさし出すことである。尊徳はこうのべている。

「人間は一日でも推譲《すいじょう》がなければ人倫《じんりん》の道(人の踏《ふ》むべき正しい道)立たず。推譲は人の道なり。争奪《そうだつ》は禽獣《きんじゅう》の道なり」

「私は年少のころから人間が他の動物と異《こと》なるわけは、譲道《じょうどう》（推譲《すいじょう》のこと）にあることがわかったので、それから五十年間もっぱら他人に譲《ゆず》るという人の道を怠《おこた》ることはなかった。それゆえに荒れ果てた農村を復興して繁栄させ、また衰退した藩《はん》を再生して、民百姓《たみひゃくしょう》を幸福にし人々から憂《うれ》いと苦しみを取《と》り除《のぞ》くことにつとめてきた。それはひとえにこの譲道の実践にほかならない」

尊徳は「勤倹《きんけん》（よく働くことと倹約すること）貯蓄《ちょちく》」の人と思われてきたが、「勤《きん》倹推譲《けんすいじょう》」が尊徳の真の精神であった。

尊徳の農村再建は長期間、忍耐《にんたい》強く屈《くっ》せず撓《たゆ》みない努力を積《つ》み重《かさ》ねて行われた。こうのべている。

「物事《ものごと》を成《な》し遂《と》げようとして成功しないのは、短期間で急いでやろうとするからである。一挙《いっきょ》にやりとげようとすると失敗する。仕事をするのに急いではならぬ。大事業はあせってはならない」

数十年から百年間も荒廃《こうはい》し衰《おとろ》えきった農村や藩の再生《さいせい》という多くの困難の横たわる事業は、とても二、三年や四、五年では出来ない。最低十年ほどの年月がいる。尊徳は桜町の再建に十年かかった。その間村人の習慣と化《か》したなまけぐせ、反対派の抵抗、上役の妨害などの困難にぶつかり苦闘した。八年目にはついに行《ゆき》詰《づま》り成田不動《なりたふどう》で命がけの断食祈願《だんじききがん》までやった。真の再建、本当の改革がいかにむつかしいかを肌身《はだみ》で味《あじ》わった尊徳の言葉には深い説得力《せっとくりょく》がある。

困難の多い事業を行う場合、何より大切なことはその場凌《ばしの》ぎにおちいらず、大《たい》衆迎合《しゅうげいごう》の人気取りに走らず、高い立場に立ち、長期的な見通しを失わず五十年先、百年先を考え、真に国家社会と人々の為になることを根本にして物事をおし進めてゆかねばならない。尊徳はこれを「永世《えいせい》の御為《おため》第一」、「成功を永遠に期《き》し、その比較《ひかく》を天地《てんち》にとる（天地が永遠であるように事業も、国家社会、人々の幸福のために永遠に役立つものでなくてはならない）」と言っている。

尊徳は安政《あんせい》三年（一八五六）十月二十日、日光《にっこう》の今市《いまいち》で亡くなった。七十歳（数え年）であった。内助《ないじょ》の限りを尽《つく》した夫人の波子、長男彌太郎《やたろう》ほか多くの弟子《でし》に見送られて大往生《だいおうじょう》した。最後に残したのが次の言葉である。

「慎《つつし》めよや小子《しょうし》（子供や弟子たち）、速《すみや》かならんことを欲《ほっ》するなかれ。速かならんことを欲すればすなわち大事《だいじ》を乱《みだ》る（大事業は失敗する）。勤《つと》めよや小子《しょうし》、倦《う》むなかれ（倦《う》まず撓《たゆ》まず忍耐強くやれ）」

死後、尊徳の精神と事業は長男彌太郎《やたろう》始め数多い弟子《でし》、教え子たちにより、関東、東海、甲信越、東北、関西等各地で立派にうけ継がれた。

一番弟子の富田高慶《とみたたかよし》（尊徳の娘婿《むすめむこ》）は尊徳逝去《せいきょ》直後、いまだ涙の乾《かわ》かぬ翌年十一月、一気に『報徳記《ほうとくき》』を著《あらわ》した。この書こそ二宮尊徳の真面目《しんめんもく》（本当の姿）、精神、事業を生き生きと記《しる》した永遠《えいえん》不朽《ふきゅう》の名著《めいちょ》である。この書は明治十三年、明治天皇の目にとまった。天皇は深く感銘《かんめい》されて宮内省《くないしょう》に刊行を命じて全国の知事に配《はい》布《ふ》された。また明治二十年、尊徳を知る上に欠くことのできないもう一つの名著『二宮翁夜話《にのみやおうやわ》』（高弟福住正兄《ふくずみまさえ》著）も天覧《てんらん》（天皇が読まれること）を賜《たまわ》った。

明治二十七年に小田原、三十年日光今市に二宮神社が建立《こんりゅう》された。小学校の修身《しゅうしん》の教科書に登場したのが明治三十六年、全国ほとんどの小学校に銅像が建てられたのが昭和十年前後である。尊徳の伝記、物語は戦前ことに多く二百以上もある。

昭和二十年以後、歴史教育の歪曲《わいきょく》と偏向《へんこう》により尊徳もまた無視され見捨てられた。しかしながら尊徳ほどの大偉人はいかに否定し葬《ほうむ》り去ろうとしてもそれはとうてい不可能であり、必ずその人物と精神、事業は再評価されずにはおかない。なぜなら尊徳を歴史から消し去り抹殺《まっさつ》することは、日本人の自己否定《じこひてい》であるからである。日本人が真《しん》に日本人であろうとする限り、尊徳は必ず日本人の心に甦《よみがえ》らずにはいないのである。

尊徳は一農民として出発したが、農村復興、藩政再建の指導者、政治家、経営者、土木技術者として、また人々の心を立直《たてなお》す教育者、宗教者として多面的に大活躍したとてつもない巨人、大人物であった。尊徳の人物、精神並びに事業は万《ばん》世《せい》に聳《そび》え立っている。『代表的日本人』を書いた内村鑑三《うちむらかんぞう》はこうのべている。「英米人の最も驚嘆《きょうたん》したのは二宮尊徳先生だという。異教国《いきょうこく》にこのような高潔《こうけつ》で偉大な聖人《せいじん》がいたことは彼らの意外《いがい》としたところである。もし英米人が先生の人格、生涯について詳《くわ》しく知ることができたなら、おそらく先生を世界の最高最大の人物の一人として数えるに違いない。イギリス人は世界の宝庫といわれるインドを有するよりも、シェイクスピア全集を有することを誇りとしている。いな、シェイクスピア全集をもつことは誇りではない。シェイクスピアその人を生んだことをもってイギリスの光栄としている。しからばわが日本は、二宮先生を持つことにおいてこの上ない光栄とすべきである」

決してほめすぎではない。私利私欲《しりしよく》、名誉を求めず報恩報徳《ほうおんほうとく》、大慈大悲《たいじだいひ》の推譲《すいじょう》の心をもって献身奉仕《けんしんほうし》の崇高《すうこう》極りない至誠《しせい》の生涯を貫《つらぬ》いた二宮尊徳は、世界のいかなる宗教的道徳的偉人にも優《まさ》る古今独歩《ここんどっぽ》の大聖大徳《たいせいだいとく》であり、救世済民《きゅうせいさいみん》（世を救い人々をすくうこと）の比類《ひるい》なき一大指導者であった。二宮尊徳こそ日本が世界に誇りうる万世《ばんせい》の模範《もはん》として永久に仰《あお》がれるべき人物である。

第二話

坂本龍馬——「明《あか》き清《きよ》き直《なお》き誠《まこと》の心」

坂本龍馬

天保６年(1835)～慶応３年(1867)
土佐藩郷士の出身。脱藩後、志士として活動。
薩長同盟を斡旋し、大政奉還の成立に尽力。
(写真・国立国会図書館ウェブサイト)

1、「廃《すた》れ者」から維新の志士へ

劣等生・落ちこぼれだった龍馬

わが国最大の国難《こくなん》の一つが、明治維新《めいじいしん》である。十九世紀後半、白人の強国（欧《おう》米列強《べいれっきょう》）による有色人種《ゆうしょくじんしゅ》に対する侵略《しんりゃく》が進み、日本以外の非西洋諸国はほとんど全て欧米列強の植民地《しょくみんち》、従属国《じゅうぞくこく》として支配された。真に独立を保持《ほじ》したのは日本だけであった。日本の独立は非西洋唯《ただ》一つの例外、近代世界史の奇蹟《きせき》である。なぜそれができたのか。それは志士《しし》（気高《けだか》い心をもった武士）とよばれる武士たちが勇気を振《ふる》って立上《たちあが》ったからである。ではどうして志士たちは国難に立ち向うことができたのであろうか。欧米列強と日本の力の差は天地雲泥《てんちうんでい》の隔《へだ》たりがあった。国力、軍事力、経済力、科学技術力、どれも比較にならない。欧米列強と戦っても絶対勝ち目はなく彼らの支配を受けるしかなかった。しかし志士たちは命を捧《ささ》げて起《た》ち上がり国の為に尽《つく》した。志士たちが起ち上がることができた原動力《げんどうりょく》は、一体どこにあったのだろうか。

明治維新における数多くの志士の中で最もよく知られている人物は、西郷隆《さいごうたか》盛《もり》、吉田松陰《よしだしょういん》、坂本龍馬《さかもとりょうま》、高杉晋作《たかすぎしんさく》、橋本左内《はしもとさない》らだが、中でも坂本龍馬の人気は高い。維新の三傑《さんけつ》といえば、西郷隆盛、大久保利通《おおくぼとしみち》、木戸孝允《きどたかよし》だが、当時の人々は真の三傑は、西郷、高杉、坂本と言っている。吉田松陰や橋本左内は少年時代からとび抜けてすぐれており、神童《しんどう》とか天才といわれた。しかし龍馬はその正反対だった。

坂本龍馬は天保《てんぽう》六年(一八三五)十一月十五日、高知城下《こうちじょうか》に生まれた。父は土佐《とさ》藩《はん》下級武士《かきゅうぶし》坂本八平《さかもとはちべえ》、兄が一人、姉が三人、末っ子であった。坂本家は土佐の郷《ごう》士《し》である。郷士というのは元は土佐を支配していた長宗我部《ちょうそかべ》氏《し》の家臣《かしん》である。江戸時代になってからは藩主《はんしゅ》の山内家《やまのうちけ》の家臣が上士《じょうし》とされて、郷士は下士《かし》として厳しい差別を受けた。しかし明治維新で活躍する人々は大半、郷士出身であった。坂本家は身分《みぶん》は低かったが、その本家《ほんけ》が才谷屋《さいたにや》という高知有数の豪商《ごうしょう》であったので経済的には裕福《ゆうふく》であった。

豊かな家に生まれた龍馬は少年時代、劣等生だった。頭の出来が悪く、気も弱く、泣き虫だった。武士の子供が通う塾にもついてゆけず中退《ちゅうたい》した。おまけに十二歳まで寝小便たれだった。龍馬は弱虫だったから、喧嘩《けんか》をしても負けて泣かされたのである。このように少年時の龍馬は何一つ取柄《とりえ》がなかったのでお父さんは嘆《なげ》いて、「龍馬は将来ものに成らん。廃《すた》れ者《もの》になる」とまで憂《うれ》えたのであった。

しかし龍馬は立派な人間に生まれ変った。本当は出来が悪いのではなかった。素晴らしい素質、人間性が眠っており、それが花開くのに少し時間がかかったのである。大器晩成《たいきばんせい》の人間であった。

乙女《おとめ》姉《ねえ》さんの愛情――人間に大切なものは頭と胸と腹

龍馬が立派な青年に立ち直ったのは、ひとえに家族の深い愛情があったからである。坂本家の家族はみな心のあたたかいやさしい人達であった。父も母も良い人だった。だが母は病弱で龍馬が十二歳の時に亡くなった。末っ子の龍馬のことが心配でならず泣きの涙で逝《い》ってしまった。龍馬はとても感受性の強い母想いの少年だったので、母親の悲しみが龍馬の寝小便になったのである。死後、次のお母さんがやってきた。この継母《けいぼ》もとても良い人だったが、誰よりも龍馬に深い愛情を注《そそ》いで可愛がってくれたのが、三つ年上の乙女姉《おとめねえ》さんだった。

「坂本のお仁王《におう》様（お寺の門の両脇にある恐《おそ》ろしい顔をした大きな仁王像）」といわれた乙女は、背が一七六センチ（当時女性の平均身長は一四〇数センチ）位あり、体重は七〇～八〇キロもある大女だった。龍馬は一七二センチぐらい。剣道も出来たし馬にも乗れた何でもできた賢い女性で、何より母性愛に満ちたやさしい女性だった。その乙女が初歩の学問や剣道など手とり足とり教えてくれたのである。そして「龍馬さん、やれば出来るのですよ」と励まし愛情深く見守り続けてくれたのである。龍馬はこの乙女を母のように慕《した》った。龍馬の手紙は百数十通残っているが一番多いのは乙女あてのものである。

龍馬が立派な人間になれたもう一つの理由は、劣等生としての挫折《ざせつ》体験があったからである。落ちこぼれた体験により龍馬は人の心の痛み、苦しみ、悲しみのわかる同情心の厚い人間になることができた。世に出てから龍馬は誰からも好かれた。龍馬ほど好かれた人物はそういない。初対面《しょたいめん》で老いも若きも男も女も龍馬に好感を抱《いだ》いた。よほど素晴らしい人間味《にんげんみ》があったのである。

龍馬は人の話をよく聴いた。「おまん（お前）の思っていることをみんな言え」とまず相手に全部言わせる。そのあとに「もう言うことないか」と尋《たず》ね、「それじゃわしの考えはこうじゃ」と語ったそうだ。そういう人物だから誰からも親愛、敬愛された。

龍馬は頭脳の方は人柄ほどではなかった。最初はひどい低脳児と見られた。学問に精を出すのは十代の後半からである。人よりかなり遅れたが二十代の時にはようやく人並になった。それでも龍馬は仲間の郷士たちから「龍馬には学問がない」と言われた。当時の学問とは儒教《じゅきょう》、漢学《かんがく》が中心であった。龍馬とともに亡くなった中岡慎太郎《なかおかしんたろう》などは十代後半のとき、いなかの私塾で先生の代講《だいこう》をするほどの秀才であった。そういう人々に比べるとあまりにも遅咲《おそざ》きの龍馬は、決して優秀な頭の持主には見られなかったのである。しかし龍馬にはすばらしい人間性の香《かお》りがあり、会う人々を魅《ひ》きつけてやまなかったのである。

人間を三つに分けるとすると、頭と胸と腹である。頭は頭脳、知恵。胸は心のあたたかさ、愛情、慈愛《じあい》。腹は勇気、決断、度量《どりょう》、寛容《かんよう》、寛大《かんだい》な心である。龍馬は頭の方は並か並の上だが、胸と腹がひときわすぐれていた。温かいおもいやりと愛情の持主であり、西郷隆盛が驚嘆した勇気、決断、大度量《だいどりょう》の持主であった。人間三つ揃《そろ》えば言うことはないが、より大事なのは頭より胸と腹である。人間はすべからく頭の人であるより胸と腹の人であるべきで、龍馬は胸と腹の人だった。

志士《しし》として立上《たちあが》る――江戸行きとペリー来航

龍馬は十四歳ぐらいから剣道を始めたが、これが龍馬に向いていた。好きになり熱心に励んだ。取柄《とりえ》がなさそうに見えたがそうではなく、立派な素質が剣道で開花しめきめき上達《じょうたつ》した。剣道で自信をつけた龍馬はもう昔の弱虫ではなくなった。背丈《せたけ》も伸び筋骨《きんこつ》たくましくなり、十七、八歳になると郷士《ごうし》の子弟《してい》が通う町道場では誰一人龍馬にかなう者がいなくなった。

喜んだのは父である。「龍馬は廃《すた》れ者にならずに済《す》みそうだ。高知にいたのでは腕は上がらん、江戸に出そう」ということになった。坂本家は裕福だったのでそれができた。人間は一つ自信がつくと自然に他の方面もよくなる。龍馬は人よりはだいぶ遅れたが、学問にも精《せい》を出した。

こうして十九歳の時、江戸に出て千葉周作《ちばしゅうさく》の弟でやはり名人であった千葉定吉《ちばさだきち》に入門する。しかし高知では強かった龍馬も江戸では通用しない。はじめは千葉道場で少し年下の「鬼小町《おにこまち》（ものすごく強い上に美人）」といわれた定吉《さだきち》の娘、さな子に全く歯が立たなかった。龍馬は二十四歳の時まで猛烈《もうれつ》に修業《しゅぎょう》したが、上達《じょうたつ》著《いちじる》しくついに北辰一刀流《ほくしんいっとうりゅう》免許皆伝《めんきょかいでん》を受けた。そして千葉道場の塾頭《じゅくとう》になった。塾頭というのは門弟《もんてい》の中で最も腕が立ち、その上《うえ》人物のすぐれた者が定吉先生より指名《しめい》されるのである。千葉定吉は稽古《けいこ》熱心で誰よりも上達した龍馬の誠実で純朴《じゅんぼく》（純粋で素直なこと）な人柄にいたく惚《ほ》れこみ龍馬を可愛《かわ》いがり、わが娘・鬼小町の婿《むこ》にしたいと思った。さな子も龍馬を慕った。泰平《たいへい》の世であれば鬼小町をお嫁さんに貰《もら》い高知に帰り町道場を開いていただろうが、時勢《じせい》がそれを許さなかった。

龍馬が江戸に来た年（嘉永《かえい》六年・一八五三）、アメリカのペリーが来航《らいこう》した。ペリーは浦賀《うらが》の沖に軍艦四隻を並べ大砲の筒先《つつさき》を浦賀の町に向けて、強大な軍事力をもって日本をおどしつけ開国を要求した。もし日本が拒絶《きょぜつ》したならば、沖縄を占領《せんりょう》し奪い取るつもりでいたのである。ペリーを「開国の恩人」と思うならそれは間違いである。アメリカが日本に対して心から友好と親善を求めて開国を要望するのならば、このように武力をちらつかせて相手をおどすやり方（これを砲《ほう》艦《かん》外《がい》交《こう》という）を決してしてはならず、礼節《れいせつ》と道理《どうり》（道、すじみち、ことわり）にかなったやり方を用《もち》いなければならない。このアメリカの砲艦外交に徳川幕府は屈《くっ》し、翌安政元年《がんねん》（一八五四）、「日米和親《わしん》条約」を結んだ。名は「和親条約」だが、実体《じったい》はアメリカがやがて日本を属国《ぞっこく》として支配しようというたくらみを秘めた屈《くつ》辱《じょく》的条約であった。

アメリカの強大な軍事力のおどしに屈した徳川幕府の外交は独立国の行う堂々とした対等《たいとう》の外交ではなく、相手の要求を丸呑《まるの》みし相手にひれふす土下座外交《どげざがいこう》であった。このようなペリーと徳川幕府の外交をみて、十九歳から二十歳の龍馬は心の底から日本の現状《げんじょう》を憂《うれ》えた。「このまま行けば日本は欧米の植民地、隷属国《れいぞくこく》（完全に独立を失った国）になってしまう。いかなる国にも劣《おと》らぬすぐれた歴史、伝統、文化をもつ日本を滅《ほろ》ぼしてはならない」と心の底から思い、祖国の危機《きき》、国《こく》難《なん》に対して起《た》ち上《あ》がろうとした。それが明治維新の志士《しし》といわれる武士たちであった。少年時どうしようもない落ちこぼれ、弱虫とみられた龍馬は十九歳のころ、このような立派な志《こころざし》を持つ青年となっていたのだ。志士といわれた人々は大変少ない。一万人もいただろうか。当時の人口は約三千万人、一万人とすると人口の〇・〇三ないし〇・〇四パーセントぐらいだ。ほとんどの人は眠っていたが、この少数の目覚《めざ》めた志士たちが勇気をふるって立上《たちあが》りそれにより明治維新が成《な》り、日本は非西洋諸国中唯《ただ》ひとり真正《しんせい》の独立を保《たも》つことができたのである。

土佐藩脱藩――止むにやまれぬ大和魂《やまとだましい》

日本の危機を憂えてやまなかった龍馬は千葉道場で剣道に励む一方、学問にも真剣に打ちこみ、少年時の遅れを取り戻すように読書した。また幕末の生んだ一大天才、佐久間象山《さくましょうざん》にも入門、西洋砲術《ほうじゅつ》を学んだ。文武両道《ぶんぶりょうどう》の日々であった。

二十四歳の時、高知に帰ったがそれから数年、龍馬は剣道を忘れたかのように読書、学問に没頭《ぼっとう》した。面白い話が残っている。その当時、土佐の若手の郷士の名物が二人いた。一人が文武両道に達《たっ》しひときわ人格の高い武市半平太《たけちはんぺいた》、後《のち》の土《と》佐勤王党《さきんのうとう》の指導者で秀才の代表、手本である。出来の良い息子をもった親は、武市半平太を見習えと励ました。もう一人が龍馬である。出来のあまりよくない息子をもつ親は龍馬を見習えといった。あの弱虫、泣虫、寝小便たれの龍馬が今では並ぶ者がない剣士になり、頭はさほどではないが見違えるような立派な若者になった。あの龍馬でもここまで良くなったのだから、お前もしっかりやれと励《はげ》ました。龍馬は鈍才《どんさい》たちの手本であった。

郷士の仲間たちは剣道では全く龍馬に頭が上《あが》らないが、しかし誰もみな学問の方は龍馬より上だと思っていた。人柄《ひとがら》が良く誰からも好かれたが、少年時きわめつきの劣等生であったから、「龍馬には学問がない」と安心していたのである。ところが高知に戻《もど》ってから家にこもりきりで読書づけになっている。このままゆけば俺たちは学問でも頭が上らなくなる、よし様子《ようす》を見にゆこう。ということで仲の良い数人が家を訪れた。噂通《うわさどお》り机の上に書物がたくさん並んでいる。そのとき龍馬は司馬遷《しばせん》の『史記《しき》』を読んでいた。漢文《かんぶん》は普通読みやすい様《よう》に「返《かえ》り点《てん》(一、二とかレ)」がついているが、龍馬は返り点のついていない白文《はくぶん》を読んでいた。返り点がついてないと読むのがむつかしく意味もわかりにくい。びっくりした友達が「おまん(お前)、白文が読めるのか」と問うと、「うん、読めるぜよ」と答えた。そこで龍馬は読んで見せた。ところが龍馬は上から下にまっすぐお経《きょう》を読むようにして読んだのである。返り点がついてなくても、ついているとして読まなければならない。それをきいた友達はあきれてとうとう腹をかかえて大笑いした。「おまん、それでは意味がわかるまい」「いや、わかるぜよ」と文章を解説すると間違っていなかったそうだ。土佐郷士《とさごうし》もう一方の名物男についての言い伝えである。

文久元年《ぶんきゅうがんねん》(一八六一)、親友武市半平太を指導者とする土佐勤王党《とさきんのうとう》が結成された。若手郷士二百数十名が参加した。土佐勤王党の目的は尊皇攘夷《そんのうじょうい》である。日本を植民地として征服支配しようとする野望《やぼう》をもつ欧米列強の侵略を打《う》ち攘《はら》い、天皇を頂《いただ》いて国家の統一《とういつ》をなしとげ日本の独立を護《まも》り抜《ぬ》く為に結成された。約三百近い諸藩の中でこうした運動が力強く起こされたのは、薩摩《さつま》と長州《ちょうしゅう》と土佐だけであった。もちろん龍馬は進んで加盟《かめい》した。

しかしこの運動は藩主《はんしゅ》山内容堂《やまのうちようどう》によりやがて大弾圧《だいだんあつ》を受け、武市半平太以下数十名の同志が殺される。土佐勤王党の運動は二つに分れた。土佐藩を正しく変えようという武市の一派と、土佐藩を見限《みかぎ》り当時、尊皇攘夷《そんのうじょうい》運動の中心であった長州へ走る脱藩組《だっぱんぐみ》である。土佐勤王党の四天王《してんのう》といわれた武市、龍馬、吉村虎《よしむらとら》太郎《たろう》、中岡慎太郎《なかおかしんたろう》のうち武市以外の三人が相次いで脱藩《だっぱん》、吉村と中岡は長州に行った。

龍馬は文久《ぶんきゅう》二年（一八六二）、二十八歳のとき脱藩した。脱藩というと物語の中では何だか格好《かっこう》よく見える。しかし当時の武士にとり脱藩は重い罪であった。武士にとり藩は絶対的なものであり、藩から勝手に抜け出すということは自分の存在の否定につながった。だから父の死後家をついでいた兄の権平《ごんべえ》はとても弟思いの良い人だったが、「龍馬、馬鹿なことはやめてくれ」と大反対した。土佐藩の郷士は長い間上士《じょうし》である山内家の武士から虫けらのごとく扱われてきた。そのような郷士が「日本のため、世のため」と言って脱藩したところで、「あの男はとうとう頭がおかしくなった」と思われるだけである。しかも家族にもどんなとがめがくるかわからないから、そういうのも当然だった。

しかし龍馬の心は不動《ふどう》だった。世間から見るなら、自分は土佐藩上士から蔑《さげす》まれる吹けば飛ぶような一郷士かもしれない。しかし愛する祖国の危機《きき》、国難《こくなん》を日本人として黙って見ていることはできない。止《や》むにやまれぬ大和魂《やまとだましい》である。これが志士といわれた武士の心である。「お兄さん、すみません」と心で詫《わ》びつつ脱藩したのである。龍馬はこのような気高《けだか》い志をもつ立派な武士に成長していたのであった。

2、龍馬の「攘夷《じょうい》」の精神

勝海舟《かつかいしゅう》に弟子入《でしい》り

脱藩した龍馬はしばらくあちこち歩いたが半年後江戸に行き、幕府の軍艦奉《ぐんかんぶ》行並《ぎょうなみ》(奉行の次の位)という要職《ようしょく》にあった勝海舟に入門《にゅうもん》した。尊皇攘夷《そんのうじょうい》を掲《かか》げる志士達は徳川幕府が続くかぎり、日本はいずれ欧米に支配されると憂《うれ》え幕府を打《う》ち倒《たお》すことが日本の独立の道と信じていたから、龍馬が打倒《だとう》すべき幕府の高官《こうかん》に弟子入《でしい》りした気持を疑った。

勝海舟は幕末の生んだ一大偉人《いちだい》である。最も身分の低い幕臣《ばくしん》だったが、貧窮《ひんきゅう》に屈《くっ》せず蘭学《らんがく》（オランダからやってきた西洋の学問）を習得《しゅうとく》した。やがてそのすぐれた人物と学問が認められて幕府の役人にとり立てられた。幕府が設《もう》けた長崎海軍《ながさきかいぐん》伝習所《でんしゅうじょ》でオランダ海軍軍人から西洋海軍について四年間も学んだ。

その後幕府に海軍が誕生するが、この海軍を作り上げた第一人者《だいいちにんしゃ》が海舟である。万延元年《まんえんがんねん》（一八六〇）、咸臨丸《かんりんまる》の艦長として太平洋を渡り、アメリカに行ってきた当時最もすぐれた人物の一人であった。龍馬はこの人物に深い関心を抱《いだ》いた。幕臣だがただの幕臣ではない、きっとすぐれた人物に違いない、自分が師として学ぶべきはこの人物ではなかろうかとひそかに思い、文久二年《ぶんきゅう》（一八六二）のある日、もう一人とともに海舟をたずねたのである。

海舟は土佐藩脱藩の尊皇攘夷の志士がやって来たものだから警戒《けいかい》した。海舟のことをよく知らない過激《かげき》な人物が、外国かぶれの海舟はけしからんと誤解《ごかい》して命を狙《ねら》うことも時々あったから、まずこういった。

「お前さんたち、俺を殺しに来たのか。殺す前に話を聞け。話をきいて不都合《ふつごう》だったら俺を斬《き》れ」

海舟もまた文武両道の達人《たつじん》であった。ずば抜けた頭と見識《けんしき》と手腕《しゅわん》をもっていたが、それ以上であったのが並《なみ》はずれた胆力《たんりょく》（物に動じない気力《きりょく》、勇気）である。海舟はどんな人間が訪《おとず》れてきても、こうして平然《へいぜん》と会って自己の信念《しんねん》を語った。

海舟は次の三つのことを話した。

一つは、日本をインド・シナ（清《しん》）の二《に》の舞《まい》（同じことをくり返すこと）にしないことである。東洋の二大文明国として日本人が仰《あお》いできたのが、仏教を生んだインドと儒教を生んだシナである。しかし現在インドはイギリスに征服され植民地となって久しい。シナはアヘン戦争（一八四〇～四二）に敗れて衰退《すいたい》の一途《いっと》を辿《たど》り亡国《ぼうこく》へと直進《ちょくしん》している。わが国も今のような状態が続くなら植民地化は避《さ》けられない。

二つ目は、インド・シナの二の舞を避けようとするならば、挙国一致《きょこくいっち》（国民が一つにまとまること）の統一《とういつ》的日本を作らなくてはならない。わが国は徳川幕府と約三百の藩《はん》との連合体制《れんごうたいせい》だが、諸藩《しょはん》はなかば独立国である。徳川幕府は諸藩が幕府に反抗《はんこう》しないように常に監視《かんし》し、問題があれば藩をとりつぶす。藩の方も幕府ににらまれないようにといつも警戒《けいかい》している。つまり日本人が兄弟同士で対立《たいりつ》している。日本を狙《ねら》う欧米列強にとり、この日本の国家体制はきわめて弱体《じゃくたい》で攻撃しやすい。日本人はいがみ合っている場合ではない。一日も早く強力な統一国家にしなければならない。

三つ目は、日本を侵略しようとしている欧米を打ち払う攘夷《じょうい》を断行《だんこう》するためには、強力な近代的海軍を建設しなければならない。欧米人がもつ同じ軍艦を持ち、それを動かし、戦って負けない海軍軍人を数多く育て上げなければならない。

龍馬は海舟の話をきき心おどり胸をときめかせた。これこそ自分がこれまで心の中で思ってきたことだったのである。海舟は想像した以上の大人物であった。自分が師と仰《あお》ぐ人物はこの人以外にない。龍馬はその場に平伏《へいふく》し、「先生、私を弟子にして下さい」と頼んだ。海舟はすぐに許した。

海舟は自分の話をよく理解し共鳴《きょうめい》、共感《きょうかん》して直ちに入門を願った龍馬が、並々ならぬ人物であることがすぐに分った。海舟は初対面《しょたいめん》で龍馬を気に入り、以後単なる弟子として扱《あつか》わず特別に親愛した。海舟は生涯《しょうがい》日記を書いたが、そのころの日記に「龍馬子《りょうまし》、来《きた》る」とある。子《し》というのは、相手を尊敬して使う言葉（たとえば、孔子《こうし》など）で、普通日記では主君だとか特別の人でない限り敬称はつけず、○○様、○○殿、○○子とは書かない。十二歳年下の龍馬を海舟はめったにないすぐれた人物と見たのである。このあと龍馬は当時の一流人物に出会うが、みな初対面で龍馬に敬愛の念を抱《いだ》いた。武士としての龍馬の人間性がよくよく立派ですぐれていたのである。

見事な師弟関係

最高の師を見出《みいだ》した龍馬は天に上《のぼ》るような気持で日々《ひび》、海舟の指導を受けて海軍を始め必要なことを学んだ。そのころ姉の乙女に次の手紙を書いている。脱藩後、乙女は「龍馬さんは一体どこでどうしているのか」と、毎日眠られぬ夜をすごしていた。

「人間の一生は思い通りにはゆきません。運の悪い者はささいなことで命を失います。それに比べて私は運が強く死ぬような場面が何度かありましたが命を失わず、死のうと思ったことさえありましたが、また生きねばならぬことになりました。今では日本第一の人物勝麟太郎《かつりんたろう》（海舟）という人の弟子となって毎日、海軍の修業《しゅぎょう》に精《せい》を出しております。国のため天下のために力を尽しております。どうかお悦び下さい」

この少しあとまた手紙を出した。

「このごろは天下無二《てんかむに》の軍学者《ぐんがくしゃ》勝麟太郎という大先生の門人となり、ことのほかかわいがられておりまして、弟子扱いではなく大切なお客様のようなもてなしを受けています。近いうちに兵庫《ひょうご》というところで、大いに海軍を教える施設《しせつ》（神戸《こうべ》海軍操練所《そうれんじょ》）を立て、四十間《けん》（七二メートル）、五十間《けん》（九〇メートル）もある船を造り、門弟《もんてい》も四、五百人各地から集ります。私始め甥《おい》の栄太郎などもこの海軍所で学問、訓練し時々船を動かし、やがて蒸気船《じょうきせん》に乗り土佐に行くことにもなりましょう。

その時お目にかかります。私のこうした考えはこの頃兄上《あにうえ》も同意《どうい》して下さり、それは面白い、大いにやれと言ってくれています。……少しエヘン顔（自慢顔《じまんがお》）してひそかに龍馬もなかなかやるわいと思っています。……なおエヘンエヘン、かしこ」

龍馬の得意ぶりが目に浮かぶ。もう一つの手紙。

「私が長く生きるとは思わないで下さい。しかし人並のような死に方は決してしません。この日本の国を真に立直《たてなお》す為に命を捧《ささ》げるつもりです。土佐の芋掘《いもほ》り（いなか者という意味）とも何ともいわれない郷士《ごうし》のいそうろう（居候、人の世話になり養われている者）に生まれた私ですが、天下を動かそうという大きな志を抱《いだ》いておりいます。しかしこう言っても決して決していい気になって思い上がったりはしません。泥《どろ》の中にすむ雀貝《すずめがい》のようにいつも鼻の先に土をつけて砂を頭にかぶって地道《じみち》（ゆっくりと足を踏《ふ》みしめて歩くこと）に努力しておりますから、ご安心下さい。あなかしこ」

龍馬は決して浮かれて舞《ま》い上《あが》ることなく心を落ちつけ、深く自分を省みて己《おの》れを磨《みが》き時を待ったのである。龍馬は元は劣等生で秀才、天才とはほど遠い人間であることを知っていたから、決してあせらず急がず撓《たゆ》むことなく一歩一歩努力したのである。秀才型、天才型の人物であった海舟は、自分にないものをもつ龍馬を親愛、信頼してやまなかった。幕末における最も見事《みごと》な師弟《してい》関係の一つであった。

龍馬は海舟に入門したので、同志《どうし》から「幕府を倒《たお》す志《こころざし》を忘れたのか」と疑われたが、そのころ詠んだのがこの歌である。

世《よ》の人《ひと》は　われをなにとも　いはばいへ
　わが為《な》すことは　われのみぞ知《し》る

脅迫《きょうはく》されて結ばされた不平等条約

幕府の高官《こうかん》である勝海舟の弟子になったので同志から誤解《ごかい》されたこともあったが、もちろん龍馬は尊皇攘夷《そんのうじょうい》の精神を一日も忘れたことはない。この精神をさらに一層《いっそう》みがき実践《じっせん》しようとして海舟に入門したのである。まず龍馬の攘夷《じょうい》についての信念《しんねん》、精神をのべよう。攘夷の意味は、「夷《い》」は外国、欧米列強《おうべいれっきょう》、「攘《じょう》」は打《う》ち払《はら》うである。有色人種を劣等人間または人間以下と見る人種差別観念《かんねん》のもとに、有色民族の国々を植民地として支配しようとする欧米列強の侵略を阻止《そし》しこれを払いのけ日本の独立、自立《じりつ》を守り抜く精神とその実行が攘夷である。志士たちはすべてこの攘夷の精神を固《かた》く持っていた。それを持たない人は志士とは言わない。ことに龍馬は長州藩《ちょうしゅうはん》が先頭に立って突き進んだ尊皇攘夷運動に心の底から同情し、共鳴《きょうめい》、共感《きょうかん》した。

　欧米列強に対し長州はなぜ攘夷戦争を断行《だんこう》（勇気をもって行うこと）したのだろうか。ペリーが来航して日米和親条約が結ばれた。しかしこの時、貿易《ぼうえき》についてはとりきめがなされなかった。そこでアメリカはハリスを派遣《はけん》、安政《あんせい》五年（一八五八）日米修好通商条約《にちべいしゅうこうつうしょうじょうやく》を結ばせた。この条約で両国は通商を開始し、貿易を行う。しかしこの条約はとんでもない不平等《ふびょうどう》条約であった。貿易をして外国製品が入ってくる時、自国の製品を守る為にいくらでも税金（関税《かんぜい》）をかけることが出来る「関税自主権《かんぜいじしゅけん》」が、日本に認められなかったのである。もう一つは「治外法権《ちがいほうけん》（領事裁判権《りょうじさいばんけん》）」をアメリカ（その他西洋諸国にも）に与えたことである。外国人が日本国内で罪を犯《おか》した時、日本の法律により日本の裁判所で裁《さば》くのではなく、アメリカの領事が裁くという不当なものである。日本のような未開《みかい》の野《や》蛮国《ばんこく》の法律でアメリカ人を裁かせないということだ。この二つの大きな欠陥《けっかん》のある不平等条約を徳川幕府は、やはり前と同じように「この条約を結ばないと日本に対して戦争をするぞ、勝目《かちめ》はないだろう」といってアメリカにおどしつけられて結んだのである。道にはずれた無法者国家の脅迫《きょうはく》に徳川幕府は再び屈服《くっぷく》したのである。

この条約を結ぶ際、幕府は諸大名の意見を聞いた。大半《たいはん》の大名は意見なし、一部が賛成、一部が反対したがその中に御三家《ごさんけ》のうち尾張《おわり》と水戸《みと》があった。二家に反対されて困惑《こんわく》（困りまどうこと）した幕府は、条約調印の許可を孝明天皇《こうめいてんのう》――明治天皇の御父君――にお願いしたのである。幕府は徳川家康以来、国家の重要事を決定する時これまで天皇におうかがいを立てることなく自ら決定できた。この家康以来の「祖法《そほう》（祖先の定めたおきて）」を破って、孝明天皇のご裁可《さいか》（天皇が法律などを認めて許可すること）を求めたのはどうしてか。

それは江戸時代、学問が盛んになり国学《こくがく》や水戸学《みとがく》（徳川光圀《とくがわみつくに》によりおこされた学問）などが発達した結果、徳川幕府は天皇によって日本を統治《とうち》する権限《けんげん》が認められた存在であり、幕府の日本統治に正当性《せいとうせい》を与えているのは天皇であり、征夷大《せいいたい》将軍《しょうぐん》はあくまで天皇にお仕《つか》えし天皇をお守りする臣下《しんか》（部下）であり侍大将《さむらいだいしょう》であるということが、全ての日本人に理解されていた。つまり天皇は幕府の上に立つ日本の中心者、この上なき精神的権威《けんい》（抜きんでた力《ちから》、威力《いりょく》）であった。幕府は天皇のこの絶大《ぜつだい》な力を借り、利用して反対派をおさえつけようとしたのである。ところが孝明天皇《こうめいてんのう》はご許可《きょか》されなかった。天皇はこの不平等条約を結ぶことは、日本の国のあり方を危《あや》うくしやがて日本が欧米の支配を受ける恐《おそ》れが十分あると直観的《ちょっかんてき》に洞察《どうさつ》（深く見通すこと）されたのである。実に正しいご判断であった。

にもかかわらず大老井伊直弼《たいろういいなおすけ》は条約を結んだ。孝明天皇の詔勅《しょうちょく》（みことのり、天皇のご命令）に違反《いはん》して結んだので「違勅調印《いちょくちょういん》」と言う。これがその後、わが国で重大問題となったのである。違勅調印の不平等条約は無効《むこう》、認められない、破棄《はき》すべしという運動を起したのが吉田松陰《よしだしょういん》でありその弟子《でし》である久坂玄瑞《くさかげんずい》や高杉晋作《たかすぎしんさく》たち長州《ちょうしゅう》の志士《しし》であった。彼らは幕府に違勅調印の条約は無効であり破棄《はき》せよと責《せ》め立てた。それに対して幕府は「条約は正当」と反論できなかったので、長州の主張を認めざるを得ず、ついに文久《ぶんきゅう》三年（一八六三）五月十日を期して条約を破棄し攘夷《じょうい》を行うという決定を下《くだ》したのである。しかし欧米列強に対して条約は無効だから破棄するといっても、彼らがそれを承服《しょうふく》するはずはない。それゆえ攘夷戦争を断行《だんこう》することにより条約を破棄しようとして、長州藩は下関沖《しものせきおき》を通る外国船を砲撃《ほうげき》したのである。長州藩の行った攘夷戦争は、深く考えない人には無法《むほう》で乱暴《らんぼう》な行為と思うかも知れない。しかしそうではない。幕府の決定に従った大義名分《たいぎめいぶん》（国家や主君に対してつくす大切な国民の道。忠義《ちゅうぎ》）のある行動であったのである。

長州を助けよ

龍馬は長州藩の攘夷戦争に心から共鳴《きょうめい》した。しかし長州は反撃《はんげき》を受け危機《きき》に陥《おちい》った。このままでは長州は外国に支配されると憂えた龍馬はこうのべている。

「現在、天下の情勢《じょうせい》を見るなら、長州の地は外国に奪《うば》われてしまう。一旦《いったん》彼らに取られたならこれを取り戻すことは困難だ。だから日本人たる者はこれを傍観《ぼうかん》(だまってみていること)していてはいけない。直《ただ》ちに幕府に諸外国と結んだ通商条約を破棄《はき》する外交交渉《こうしょう》を行わせ、いま国内にきている外国人を退去《たいきょ》させるべきである」

これはある人との対話《たいわ》だが、相手が長州の行為はあまりにも無謀《むぼう》(成功の見こみがないくわだて)、無茶だと反論した。龍馬はこうこたえた。

「長州は日本の国を深く思って死を決して攘夷戦争を行った。日本人としての深い自覚と類《たぐ》いない勇気を称賛《しょうさん》すべきである。どうしても長州を助けなければならない。空《むな》しく傍観《ぼうかん》するなら長州の地は外国に奪われるだけではなく、国難《こくなん》はさらに深くなる。直《ただ》ちに通商条約を破棄する交渉を幕府にさせなければならない。もし欧米列強が条約破棄に応《おう》ぜず、日本に戦争をしかけて来るならば、全国一致して防戦《ぼうせん》すべきである」

違勅《いちょく》調印《ちょういん》された不平等条約を破棄しようとして、攘夷戦争を行った長州の尊《そん》皇《のう》攘夷《じょうい》の志士たちと龍馬の考えは全く一つであった。龍馬はこれほどの攘夷精神の持主《もちぬし》であった。龍馬が攘夷とは無縁《むえん》の今日風《こんにちふう》の平和的、民主主義的なただの明朗《めいろう》な人間だと思ったら大間違いである。なんとしても不平等条約を破棄し、欧米がそれを許さず挑戦《ちょうせん》してくるなら「全国一致の力をもって防戦すべし」という烈々《れつれつ》とした激しい心をもつ武士であったのである。龍馬ら志士たちのただ一つの思いは愛する父祖《ふそ》の国日本を絶対欧米の植民地、従属国にしない、その為に死をもって戦い抜く。それだけであった。

つけ加えれば通商条約中の治外法権《ちがいほうけん》が廃止《はいし》されたのは明治三十二年、関税自主《かんぜいじしゅ》権《けん》を回復したのは明治四十四年、不平等条約を対等《たいとう》条約に改正するのに半世紀以上かかったのである。

3、志士達が立上《たちあ》った原動力――尊皇《そんのう》の心

龍馬の神願《しんがん》

龍馬はそのころ乙女姉《おとめねえ》さんに次の手紙を出している。

「誠《まこと》に嘆《なげ》かわしいことですが、長州《ちょうしゅう》で戦争が始まり五月より幾度《いくど》か戦いましたが長州は敗北《はいぼく》続きです。あきれてものが言えないのは、長州を攻めた欧米の軍艦は横須賀《よこすか》にある幕府《ばくふ》の造船所《ぞうせんじょ》で長州から受けた砲撃のため、傷ついたところを修《しゅう》復《ふく》し、また長州で戦っています。これは徳川幕府が欧米に内通《ないつう》（敵と通じ味方を裏《うら》

切《ぎ》ること）していることを意味し許しがたいことです」
幕府は長州藩が欧米に反撃《はんげき》されて危《あぶ》ない状態になっているのを見て、内心「様《ざま》を見ろ」と舌《した》を出して眺《なが》めているだけではなく欧米に加勢《かせい》していると、龍馬は心から怒《いか》った。「誰のための幕府だ。日本、日本人のための幕府ではないか。このような幕府は一日も早く討《う》ち倒《たお》さなければならない」という思いである。さらにこう語る。

「天皇を仰《あお》ぎ朝廷《ちょうてい》を中心として神州《しんしゅう》（日本の国を神州、神国《しんこく》とよんだ）をしっかりと保《たも》つ根本《こんぽん》をうち立てることが何より重要です。そうして江戸の同志と心を一つにして徳川幕府を打ち倒《たお》し、日本を新しく生まれ変らせたいということが私の神《しん》願《がん》（神への深い願い）です」

ここに龍馬の心の底からの叫《さけ》びがある。最後のところの原文《げんぶん》は「日本を今一度《いまひとたび》洗濯《せんたく》いたし申《もう》し候《そうろう》ことにいたすべくとの神願《しんがん》にて候《そうろう》」である。外国の侵略から日本を守り抜き、天皇を仰《あお》いで日本を新しく立直《たてなお》し、自国の独立を固《かた》く保持《ほじ》するために自分の命を捧《ささ》げる。この神願、神に誓った心からの熱《あつ》い願いが龍馬ら志士たちにはあったのだ。龍馬はこのような心をもつ立派な人間であったから、勝海舟のような超一級の人物が龍馬を心の底から信頼し敬愛したのである。

坂本家の家風、伝統――神道《しんとう》・国学《こくがく》・和歌を学んだ龍馬

龍馬を始め志士たちはわが国を成り立たせている根本《こんぽん》、中心である朝廷を高く仰《あお》ぎ、天皇を深く尊敬していた。これを「尊皇《そんのう》」という。「尊皇」と「攘夷《じょうい》」の精神を持った武士を志士《しし》とよんだのである。龍馬の尊皇の心は誰にも劣《おと》らず強く深かった。龍馬の尊皇精神は坂本家において養《やしな》われた。坂本家には神道、国学、和歌を学ぶ家風《かふう》、伝統《でんとう》が代々《だいだい》受け継がれていた。当時の武士たちはシナの儒《じゅ》教《きょう》の教えを学んだ。その教えは四書《ししょ》（論語《ろんご》・大学《だいがく》・中庸《ちゅうよう》・孟子《もうし》の四つの経典《きょうてん》）と五経《ごきょう》（易経《えききょう》・書経《しょきょう》・詩経《しきょう》・礼記《らいき》・春秋《しゅんじゅう》の五つの経典）に書かれており、武士は少年時代からこれを習った。藩校《はんこう》（藩の学校）の教育の中心は儒教であり漢学《かんがく》（シナの歴史や漢《かん》詩《し》など）だった。それが当時の「学問」である。神道・国学・和歌は藩校《はんこう》ではふ

つう教えない。龍馬はまわりから学問がないといわれたのは、少年時全く劣等生でものおぼえが悪く儒教、漢学がものにならず、それらの勉強をしたのが人よりもずっと遅れたからである。

神道《しんとう》・国学《こくがく》・和歌は心ある一部の人々が学んだ。龍馬はこれを学ぶ伝統のある坂本家に生まれたために自然にその影響をうけた。剣道に自信がついてから学問にも目覚《めざ》めたが、龍馬が心ひかれたのは神道・国学・和歌そして日本の歴史・人物の方だったのである。これが龍馬の「学問」であった。龍馬はこの坂本家伝来《でんらい》の学問を学ぶことにより深く厚い尊皇精神、皇国意識《こうこくいしき》、神国思想《しんこくしそう》を培《つちか》い養《やしな》ったのである。

少し説明しよう。神道とは日本人が昔からもっている日本本来《ほんらい》の宗教、信仰、考え方、生き方、生活である。祖先を敬《うやま》い崇拝《すうはい》することと、天地自然の万物、生きとし生けるものを神のいのちの表現として崇拝することを柱とする日本人の根本的な信仰、思想、生き方で、「神の道」とか「神ながら《かん》の道（神そのままの道、神に従い、神におまかせして生きる道）」と言った。日本人は日本の国を「神国《しんこく》・神の国」「神州《しんしゅう》」とよんできた。その意味はこうだ。

㈠日本は天照大御神《あまてらすおおみかみ》の子孫である天皇を国家の中心として戴《いただ》く国、天皇が知《し》ろしめす（統治《とうち》する）国。

㈡天地自然の万物を神として崇《あが》め敬《うやま》い、神々の祭《まつ》りを最も大切にする国。今日、全国には約八万の神社がある。

㈢日本は神の守護《しゅご》する国。

わが国は第一代の神武天皇《じんむてんのう》から現在の一二五代今上天皇《きんじょうてんのう》まで日本書紀《にほんしょき》の数え方によれば二千六百七十七年間、同じ血統《けっとう》の天皇がとだえることなく続いてきた世界に比類《ひるい》なき国である。いま世界に王室がある国は二十七ヵ国。日本に次いで古いのはデンマークだが約千年余り。しかし現在の王室は一八六三年からで、それまで幾度も王室の交代《こうたい》（血統が変ること）があった。次いで古いのがイギリスで九百数十年、世界の王室の手本のように思われているが、イギリスの王制は十七世紀の清教徒《せいきょうと》革命《かくめい》で一度廃止《はいし》されている。神話《しんわ》の時代から現代まで断絶《だんぜつ》なく同じ血統《けっとう》の国王《こくおう》が続いてきたのは、世界でただ日本だけである。この天皇をいただく神国《しんこく》（皇国《こうこく》・天皇国《てんのうこく》ともいう）に生まれたことが、龍馬にとってこの上ない悦びであり誇りであったのである。龍馬だけではなく当時の日本人はほとんどみなそう思っていた。もし日本が神国《しんこく》、神《かみ》の国でないとすれば何の国だろうか。何とよべばよいのか。「金《かね》の国」だろうか。そうよばれてもよい国もある。日本の国が神国・神の国であるという自覚と誇りが、どんなに大切なことかを知らなければならない。

　国学《こくがく》は江戸時代に盛んになった。古事記《こじき》や万葉集《まんようしゅう》などのわが国の古典・歴史・伝統・文化や日本語（大和言葉《やまとことば》）などを研究する学問で本居宣長《もとおりのりなが》によって完成された。日本とは天皇をいただく世界に比類《ひるい》ない素晴らしい国柄《くにがら》（国体《こくたい》という）を持つ国家であるということを明らかにする学問である。日本人の深い精神、心情《しんじょう》が最もよく表現されたのが和歌である。万葉集始め古今和歌集《こきんわかしゅう》、新古今和歌集《しんこきんわかしゅう》などの和歌を見るならば日本人とは何かがわかる。坂本家ではいつも和歌の会が開かれ、家族の詠《よ》んだ歌が披露《ひろう》された。龍馬も和歌作りが大好きだった。龍馬の精神、信念《しんねん》、行動の根本にあるのは、こうした深厚《しんこう》な尊皇精神、神国思想であったのである。龍馬は儒教、漢学の学問では人より遅れたので「龍馬には学問がない」と言われたが、日本人本来《ほんらい》の学問では誰にも劣らなかった。日本人本来の学問の元にあるのが「神《かん》ながらのまことの道」である。出会う人々からことごとく親愛《しんあい》された素晴らしい魅力溢《あふ》れる龍馬の人間性は、この学問が元になったのである。

龍馬の尊皇の至情《しじょう》――座右《ざゆう》の書『新葉和歌集《しんようわかしゅう》』

龍馬の尊皇心《そんのうしん》の深さをあらわしたのがこの言葉である。

「とるに足《た》りない私ですが、何《なん》としても今上様《きんじょうさま》（今上天皇《きんじょうてんのう》、孝明天皇《こうめいてんのう》のこと）の御心《みこころ》を安めたてまつりたいと願っています。ご承知の通り朝廷《ちょうてい》は国（土佐藩《とさはん》）よりも父母よりも大事にしなければならないということは、日本人として根本の定《さだ》めであります」

親友の母あての手紙である。当時の武士にとって何より大切なのは藩であり、それから自分を生み育てて下さったお父さんお母さんである。しかしこれと比較にならぬ大切なものが天皇、皇室だと言うのである。日本人の心の奥底にある最も深い心は、日本民族の中心である天皇を敬《うやま》い尊《とうと》ぶ心である。それを龍馬はこう表現したのだ。天皇あっての日本であり日本人なのである。この龍馬の心の奥底からはき出された尊皇《そんのう》の至情《しじょう》(この上ない心)に共鳴できる人が、本当の日本人である。

龍馬が最も愛した歌集《かしゅう》は『新葉和歌集《しんようわかしゅう》』である。これは後醍醐天皇《ごだいごてんのう》を始め吉野朝《よしのちょう》(南朝《なんちょう》ともいう)の天皇と南朝に忠誠《ちゅうせい》を尽した人々の和歌集(千四百余首《よしゅ》)である。龍馬が京都にいたころ町中をさがしたが手に入れることができなかった。そこで郷里《きょうり》にあるその歌集を急いで送ってくれるよう、親しい人に頼んだ手紙が残っている。

「『新葉和歌集』といって楠木正成公《くすのきまさしげこう》などが活躍していた南朝の時代に出来たものですが、これが欲しくてさがし求めましたが一向《いっこう》に手に入《はい》りません。そこで吉村の家にある『新葉和歌集』をお借りして、あなたのだんなさんにお願いし全部筆写《ひっしゃ》してどうかすぐに送って下さいますようお頼みします」

この歌集の編者《へんじゃ》が後醍醐天皇《ごだいごてんのう》の皇子《みこ》・宗良親王《むねながしんのう》である。当時の代表的歌人だが、『新葉和歌集』を代表する歌が次のお歌である。

君《きみ》のため　世《よ》のためなにか　をしからむ
　すてかひある　命《いのち》なりせば

天皇陛下のため、この日本の国のため、自分の命を捧げることは少しも惜《お》しくはない。それこそが自分の心からの願い、本懐《ほんかい》だという意味である。古今《ここん》の絶《ぜっ》唱《しょう》(名歌《めいか》)である。これが龍馬の心、願いでもあった。普段《ふだん》はあまり意識しないが、これが日本人の魂の最も奥深いところにある心である。ひとたび国家、民族の危機、国難《こくなん》に直面《ちょくめん》したとき、心ある日本人はみなこの気持になって振《ふる》い立《た》ったのである。龍馬はこの歌集によりさらに尊皇愛国《そんのうあいこく》の心を磨《みが》いたのだ。龍馬の座右《ざゆう》の書であった。

龍馬ら志士たちが忠誠を尽したのが孝明《こうめい》天皇である。孝明天皇が当時の日本の国難をどんなに深く憂《うれ》えられたかは、次の御製《ぎょせい》（天皇の作られたお歌）をみればわかる。

あさゆふに　民安《たみやす》かれと　思《おも》ふ身《み》の
こころにかかる　異国《ことくに》の船《ふね》

国家が安泰《あんたい》（安全平和なこと）で国民が幸福であってほしいといつもいつも願っているが、欧米列強《おうべいれっきょう》が日本を征服しようと狙《ねら》っており心配でならないという意味である。

澄《す》ましえぬ　水《みず》にわが身《み》は　沈《しず》むとも
濁《にご》しはせじな　よろづ国民《くにたみ》

「澄ましえぬ水」とは当時の危機的な日本を指す。自分の一身《いっしん》を捧《ささ》げて日本を守り国民を救いたいという意味である。

戈《ほこ》とりて　守《まも》れ宮人《みやびと》　九重《ここのえ》の
　みはしの桜《さくら》　風《かぜ》そよぐなり

「九重」とは皇居《こうきょ》。京都御所《きょうとごしょ》の紫宸殿《ししんでん》の前に「左近《さこん》の桜、右近《うこん》の橘《たちばな》」の樹《き》がある。その桜が風にそよぐとは、祖国日本が滅亡の危機に直面しているということ。だから心ある人たちよ、武士たちよ、武器をとって立上《たちあが》り日本を守ってくれとの意味である。こうした御製《ぎょせい》が口から口へと伝わり、志士たちは涙を流してこの御製《ぎょせい》を口づさみ命を捧《ささ》げて立上《たちあが》っていったのである。

志士が仰《あお》いだ楠木正成《くすのきまさしげ》

龍馬ら志士たちが日本人の最高のお手本と仰《あお》いだのが楠木正成《くすのきまさしげ》であった。後醍《ごだい》醐《ご》天皇に忠誠を尽《つく》して建武中興《けんむのちゅうこう》をなしとげるのに最大の尽力《じんりょく》をし、神戸の湊川《みなとがわ》で足利高氏《あしかがたかうじ》（尊氏）と戦って最後を遂《と》げた人物である。江戸時代になって徳川光圀《とくがわみつくに》がここに「嗚呼忠臣楠子之墓《ああちゅうしんなんしのはか》」という石碑《せきひ》を建てた。「嗚呼《ああ》」は心の底からの感動の意味。「忠臣」は忠義《ちゅうぎ》、忠誠《ちゅうせい》の武士、家臣《かしん》。「楠子」は楠木正成を尊敬していう表現。

　徳川光圀はどうしてこの石碑を建てたのか。楠木正成が戦死してから長い間、正成の尊皇愛国の精神は人々に正しく理解されなかったが、江戸時代になり学問が盛んになって、正成こそ日本人最高の模範《もはん》であることを後世に伝えようとして最も心を尽したのが光圀であった。龍馬ら志士たちはこの碑を訪《たず》ねて額《ぬかず》き、大楠《だいなん》公《こう》（日本人は正成を尊敬してこうよんだ）の忠誠をしのび涙を流した。そうして自分もまた大楠公の志《こころざし》を受け継《つ》ぎ今日の日本の危機を必ず救うとの誓いを立て、それを歌や詩に詠《よ》んだのである。龍馬の歌はこうだ。

月《つき》と日《ひ》の　むかしをしのぶ　湊川《みなとがわ》

流《なが》れて清《きよ》き　菊《きく》の下水《したみず》

「菊の下水」とは正成が後醍醐天皇からいただいた菊水《きくすい》の家紋《かもん》（上半分が菊、下半分が水の紋）。「七生報国《しちしょうほうこく》（七たび日本人として生まれ変って、神国日本《しんこくにっぽん》、天皇国日本に報恩《ほうおん》する）」の美しく清らかな大楠公《だいなんこう》の純忠至誠《じゅんちゅうしせい》（純粋な忠義《ちゅうぎ》とまことの心）の精神を自分もまたしっかりと受け継《つ》ぐという龍馬の心である。

最初になぜ明治維新が奇蹟的に成功したのか。なぜ志士たちは立ち上ることができたのかとのべた。その答、理由がここにある。神話の時代から天皇、王朝《おうちょう》が断絶《だんぜつ》なく続いてきた世界に比類《ひるい》ない唯《ただ》一つの国、神国日本に生《せい》をうけた誇りと悦び、この神国日本の国柄《くにがら》を守る為に命を捧げてきた大楠公始め先祖たち、この日本の歴史と伝統の尊厳《そんげん》（尊くおごそかなこと）、美しさ、素晴らしさを知ったとき、龍馬ら志士たちは日本人として生まれたありがたさ、かたじけなさ（ありがたいこと。おそれ多いこと）に心ときめき身が震《ふる》えたのである。このように立派な尊い国がどこにあるのか。神国日本を欧米列強の植民地、奴隷《どれい》の国に絶対にしないとの勇気がふつふつと湧《わ》き上《あが》ったのである。

※「嗚《あ》呼《あ》忠《ちゅう》臣《しん》楠《なん》子《し》之《の》墓《はか》」は現在神戸市の湊《みなと》川《がわ》神《じん》社《じゃ》境《けい》内《だい》にある。神社はＪＲ神戸駅（北口）のすぐ前

4、国難《こくなん》打開《だかい》に尽した無我《むが》献身《けんしん》の生涯

薩長同盟《さっちょうどうめい》——西郷隆盛《さいごうたかもり》との親交《しんこう》

恩師の勝海舟《かつかいしゅう》は親愛してやまない龍馬を何とか世に出してやりたいと思い元《げん》治元年《じがんねん》(一八六四)、紹介状を書いてやり西郷隆盛に会わせた。当時海舟が最も高く評価していた人物である。龍馬は西郷に会った印象を海舟にこうのべた。

「西郷はお寺の釣《つ》り鐘《がね》のような男です。小さくたたけば小さく響《ひび》き、大きくたたけば大きく響きます。もし馬鹿なら大馬鹿で、利口《りこう》なら大利口《おおりこう》です」

有名な言葉である。海舟はこれに感心し、「そのように評された西郷はさすがに大人物、またそう評した龍馬もたいした人物」と二人を大いにほめた。龍馬は西郷に一度会っただけで西郷がとてつもない人物であることを知り、その後西郷を深く敬愛した。恩師の海舟を別として最も尊敬し、以後、西郷の言行《げんこう》を見習った。西郷もまた心から龍馬を敬愛した。こう語っている。

「天下に志《こころざし》をもつ立派な人物と自分はたいていい交際しているが、度量《どりょう》（心が広くよく人を受けいれる寛大《かんだい》な心）の広く大きなことにおいて坂本龍馬のような人物をまだ見たことがない。彼の度量の大きさは測《はか》り知れない」

日本で一番度量が大きいといわれた西郷がこう言うのだから面白い。二人は似《に》た者同士《どうし》だったのだ。薩摩の武士たちはこういっていた。「西郷どん（どの）と龍馬どんはどうしてああも気が合うのだろう」　龍馬は勝海舟、そして西郷隆盛という当時最高の人物からこれほど深い敬愛をうける人物になっていたのである。また龍馬は長州《ちょうしゅう》の高杉晋作《たかすぎしんさく》、木戸孝允《きどたかよし》とも親交を結び厚く信頼された。このような龍馬であったからこそ、薩長同盟《さっちょうどうめい》を結ぶ上に大きな役割を果すことができた。

幕府《ばくふ》が続く限り日本の独立はあり得ないとして幕府を倒す運動が続けられたが、二百六十年以上も続いた徳川幕府をなくすことは容易《ようい》なことではなかった。そのためには薩摩と長州が手を結び協力しなければならなかった。ところが元《げん》治元年《じがんねん》（一八六四）の禁門《きんもん》の変《へん》で両藩《りょうはん》は敵味方に分れて戦い合った。この両者を結びつける仲介役《ちゅうかいやく》として最も働いたのが両者の信頼の厚い龍馬であり、慶応《けいおう》二年（一八六六）二月、ついに薩長同盟が成立した。長州から木戸孝允が代表として京都にやってきたが、このとき龍馬が同席したのである。ところが六ヵ条から成る同盟は文書《ぶんしょ》にはせず口上《こうじょう》の約束であった。木戸は長州に戻《もど》ろうとする時、「これは文書にしておかないとまずい」と思い、そこで龍馬に手紙を書き六ヵ条の約束を記して、これに間違いがないかどうか言ってくれと頼んだのである。龍馬はすぐさま木戸の手紙の六ヵ条を記《しる》したちょうどその裏に、朱墨《しゅずみ》でこう書いて手紙を返した。

「表に御記《おしる》しなされた六ヵ条は、小松帯刀《こまつたてわき》（薩摩藩家老《さつまはんかろう》）、西郷隆盛両氏及び老兄《ろうけい》（木戸孝允のこと)、龍(坂本龍馬)等も御同席にて談論《だんろん》したところであり、すこしも相《そう》違《い》ありません。今後も決して変ることはありません。それは神が明らかに知るところです」

木戸は龍馬のこの裏書《うらが》きをうけとり安心して長州に帰った。もし薩摩が約束を破ったとき、龍馬のこの裏書きを突きつけて薩摩を責《せ》めることができる。龍馬が両藩の指導者から深く信頼されていたからこそ、この裏書きがものを言うのである。龍馬は両藩の単なる使い走りではなかった。現在、この文書は宮内庁《くないちょう》に納《おさ》められている超一級の史料《しりょう》である。木戸は明治維新が成就《じょうじゅ》する原動力となった薩長同盟の歴史的文書を私物化《しぶつか》するのは恐《おそ》れ多いとして献上《けんじょう》したのである。龍馬が西郷からも木戸からも深く信頼された天下の人物であったことを示す何よりの証拠であった。

「一生の晴《はれ》にて候《そうろう》」
――西郷隆盛の深い信頼

薩長同盟の仲介役《ちゅうかいやく》として大きな働きをした龍馬は、徳川幕府から目をつけられ狙《ねら》われた。両藩が手を結んだ二日後、龍馬が京都の伏見《ふしみ》にある寺田屋《てらだや》に泊《とま》ったところ、幕府の伏見奉行所《ふしみぶぎょうしょ》の役人と手下《てした》百数十人に襲《おそ》われたのである。龍馬と同志の三吉慎蔵《みよししんぞう》（長州藩支藩《しはん》・長府藩士《ちょうふはんし》）は、九死に一生を得て助かった。しかし龍馬は手傷《てきず》を負《お》った。龍馬を助け出したのは伏見にある薩摩屋敷の武士たちである。

龍馬が襲われた時、西郷隆盛は自ら龍馬を助けに行こうとした。龍馬はそのあと京都の薩摩藩邸《はんてい》にかくまわれ、傷の手当をしてもらい、西郷はじめ藩士から手《て》厚《あつ》いもてなしを受けてしばらく休養した。龍馬が襲われた時、妻のお龍《りょう》はいち早く伏見の薩摩屋敷に駆《か》けつけて急を知らせた。あとでお龍は西郷から「龍馬どんを救った一番の手柄はお龍さんだ」とほめられた。その後、龍馬を親愛してやまない西郷は、龍馬とお龍に薩摩行きを勧めた。そこで二人は薩摩を訪れ霧島温泉などに行った。龍馬とお龍の薩摩行きは、いうならば新婚旅行の草分《くさわけ》（始め）である。そのころ龍馬は兄の権平《ごんべい》にこのような手紙を出している。

「この時うれしいことに、西郷吉之助《きちのすけ》（隆盛）——薩摩政府第一の人——当時国中にては鬼神《きしん》（死者の霊魂《れいこん》という意味だが、ここでは計《はか》り知れない偉大な力をもつ人物という意味）といわれる人物です——は、伏見の薩摩屋敷よりの知らせで、私を助け出すため短銃《たんじゅう》をふところにして自ら出かけようとしたところ、まわりの人々が押しとどめて、代《かわ》りに京都薩摩藩邸留守居役《るすいやく》の吉井幸助《よしいこうすけ》（西郷の親友）が馬に乗り大砲一門を持ち藩士六十人ほどひき連れて、私を迎えに来てくれました。この時、伏見奉行所では吉井らを討ち取ろうとしましたが、薩摩藩との戦いを恐れて手を出すことができませんでした。この時傷つけられ手は少し不自由になりましたが、私にとり一生の晴れがましいできごとでした」

龍馬は幕府に襲われ傷つけられて危《あぶな》い目にあったが、薩長同盟の仲介役の仕事をつとめ、天下の大人物西郷隆盛から下にもおかないあたたかいもてなしを受けた。「あの寝小便たれの弱虫だった龍馬、これまでお兄さんや乙女姉さんにさんざん心配をかけ通しの私も、今や薩摩や長州の指導者からこのような厚い信頼を受ける人物となり、日本の国の為に精一杯尽しております。これもみなお兄さん、お姉さんのお蔭《かげ》です。お兄さん、どうかお喜び下さい」というたよりである。「一生の晴《はれ》にてこれあり候《そうろう》」(原文)とはそういう意味である。龍馬の思いが伝わってくる心打たれる手紙だ。

大政奉還《たいせいほうかん》と龍馬の本心――薩長とともに幕府と戦うこと

薩長同盟が結ばれた後、龍馬はその同盟に土佐藩を引き入れたいと思った。徳川幕府を倒《たお》すには薩長二藩だけでは力が足りない。どうしても土佐藩が味方《みかた》にほしかった。ところが土佐藩は殿様が倒幕《とうばく》に反対していた。そこで龍馬が考えたのが、土佐藩から幕府に対して「大政奉還」の建白書《けんぱくしょ》(意見書)を出させるという方《ほう》策《さく》であった。大政奉還というのは幕府のもつ政治権力を朝廷に返還《へんかん》して幕府をなくすということである。しかし土佐藩が建白書を出してもおそらく幕府は拒絶《きょぜつ》するに違いない。そうするなら土佐藩は幕府に対して縁《えん》を切って倒幕派に入ることができると龍馬は考え、これを土佐藩の家老《かろう》たちに働きかけた。

ところが将軍の徳川慶喜《とくがわよしのぶ》は建白を受け入れ、朝廷に大政を奉還したのである。幕臣《ばくしん》や譜代大名《ふだいだいみょう》(昔から徳川氏に家臣《かしん》としてつかえた大名)たちは大政奉還に反対だったのに、なぜ慶喜はそうしたのか。慶喜の魂胆《こんたん》(くわだて、たくらみ)はこうだ。大政奉還後の天皇のもとの政治は、有力な大名《だいみょう》たちによる諸侯会議《しょこうかいぎ》が中心となって行われると考えられた。慶喜は将軍の地位を失っても四百万石《ごく》をもつ国内随《ずい》一《いち》の大名であり、能力、手腕はいかなる大名よりもすぐれていると思われていたから、天皇政府における総理大臣のような形で実権《じっけん》を握ろうとしたのであった。

しかしほとんどの幕府の人々、譜代大名《ふだいだいみょう》たちは、大政奉還に強く反対した。彼らは幕府がなくなることに絶対承知《しょうち》できなかった。彼らにとり徳川幕府は永遠不滅であり、この世に幕府が存在しないことなど想像すらできないのである。

二百数十年間、いや、源《みなもとのよりとも》頼朝のときからいうと約七百年間も幕府政治が続いてきたのだから、頭の中はそう簡単には変らないのであった。明治維新《めいじいしん》は源頼朝から始まり七百年続いてきた幕府政治を終らせ、王政《おうせい》が復古《ふっこ》するという日本の歴史上最大の変革《へんかく》であった。それだから普通の話し合いではとても決着《けっちゃく》はつかない。いかに正しいことをのべても幕臣たちは聞く耳を持たない。現代では政権《せいけん》交代《こうたい》の方法として選挙という便利な方法があるが当時、政権交代の唯《ただ》一つの方法は武力による戦いしかなかった。そこで実力で決着をつけようとして明治元年《めいじがんねん》(一八六八)一月、鳥羽伏見《とばふしみ》の戦いが行われたのである。歴史の大転換《だいてんかん》のときどうしても避けられない戦いであった。この時西郷隆盛は薩摩、長州が中心の官軍《かんぐん》(朝廷《ちょうてい》の軍隊)の指揮《しき》をとり、幕府軍を打破《うちやぶ》った。大阪城にいた慶喜は江戸に逃げ帰り、朝廷と官軍に恭順《きょうじゅん》(刃向《はむ》かわず従うこと)した。そのあと西郷隆盛と勝海舟が話し合いを行ない江戸城開城となり、ここに明治維新が成立《せいりつ》する。

このとき龍馬は何を考えていたのであろうか。龍馬は大政奉還を推進《すいしん》したが、慶喜がたとえ大政を奉還しても最後の一戦はとうてい避けられないと見ていたのである。その理由は先にのべた通りである。龍馬は長崎で一千挺《ちょう》の西洋式小銃を買いそれを船で高知まで運び、土佐藩の重役《じゅうやく》をよび出して、「薩摩、長州は幕府を倒すために立上《たちあが》り多くの藩士《はんし》を上京させようとしている。この一千挺の鉄砲を買って土佐も薩摩、長州に続け」と迫《せま》ったのである。龍馬は今日風《こんにちふう》のおだやかな人間で大政奉還による話し合いの平和的な政権交代《せいけんこうたい》を望んでいたと考えるなら、それは間違いである。そのようなことで歴史的な変革ができるという甘い考えを持つはずもなく、薩摩、長州とともに幕府と戦う覚悟でいたのである。だが龍馬は慶応《けいおう》三年(一八六七)十一月十五日、三十二歳の誕生日の日、幕府見廻組《ばくふみまわりぐみ》の手により同志中岡慎太郎《なかおかしんたろう》とともに暗殺《あんさつ》されるのである。実に惜しむべき死であった。

大政奉還の意義

日本の新生の直前《ちょくぜん》にあの世に旅立ったが、龍馬が推進《すいしん》した大政奉還の運動は決して無駄《むだ》ではなかった。次の三つの意義があった。

㈠　徳川慶喜《とくがわよしのぶ》の朝廷《ちょうてい》への恭順《きょうじゅん》を導いたこと。大政奉還をしたとき、慶喜には天皇政府の実権《じっけん》を握《にぎ》るという野望《やぼう》があった。ところが鳥羽伏見《とばふしみ》の戦いに敗れて江戸に帰ってから上野の寛永寺《かんえいじ》で謹慎《きんしん》（つつしみかしこまること）して、心から天皇、朝廷に対して恭順の態度を示した。

㈡　慶喜が恭順したことにより、西郷隆盛と勝海舟の話し合いが成立、無血《むけつ》で江戸開城が実現したこと。慶喜が江戸に戻《もど》った時、徳川家の陸軍、海軍は今度こそ徹底的《てっていてき》に戦おうとしていた。徳川の陸海軍はフランスの援助と指導を受けて強力な近代的軍隊となっており、薩摩、長州が束《たば》になってもかなわない軍事力を持っていたから、江戸における戦いは避けがたい状態になっていた。それを勝海舟が徹底抗戦《てっていこうせん》を叫《さけ》ぶ幕臣たちを必死で抑《おさ》えつけるとともに、西郷が徳川家の嘆願《たんがん》する寛大《かんだい》な降伏条件を全部丸のみして承諾《しょうだく》したのである。大度量《だいどりょう》の人物西郷だからできたことであった。西郷と海舟の話し合いが成り立ったのも、龍馬が大政奉還を推進したからであった。

㈢　官軍と旧幕府側の対立、闘争を緩和《かんわ》（ゆるやかにやわらげること）したこと。

そのあと上野、関東、越後、東北、函館で官軍と旧幕府側との戦いが行われたが、それを最小限の犠牲《ぎせい》にとどめ国内の闘争と分裂《ぶんれつ》の激化《げきか》を避《さ》け、日本を狙《ねら》う英仏らの干渉《かんしょう》からまぬかれることができた。そうして最後に両者の和解を導いた。

明治三十一年、徳川慶喜は参内《さんだい》（皇居《こうきょ》に参上《さんじょう》すること）して、明治天皇《めいじてんのう》に謁見《えっけん》（高位の人に会うこと）を賜《たまわ》り、「慶喜よ、よくぞあのとき大政奉還を行い恭順してくれた。明治維新の基礎《きそ》はそれで出来たのだ。よくぞやってくれた。ありがとう。まことにご苦労であった」とのありがたいお言葉をいただいた。また皇后陛下《こうごうへいか》からも「慶喜殿、ご苦労様でした」とお手ずからお酌《しゃく》までしていただいた。慶喜は涙を流し感激に身《み》をふるわせたのである。

これを裏でとりしきったのが勝海舟である。明治新政府と旧幕府側の対立、憎《ぞう》悪《お》、怨恨《えんこん》の歴史を水に流す為にこうした「和解《わかい》と融和《ゆうわ》（打ちとけてむつまじくなること）の儀式《ぎしき》」がどうしても必要だと思った海舟は、維新後三十年間この日を待ち続けてついに実現したのである。このとき七十六歳である。その数ヵ月後、海舟は自分の任務《にんむ》はこれで終ったとばかりに亡くなった。龍馬の恩師・勝海舟はとてつもない人物であった。

龍馬の不滅の功績

世界史の奇蹟《きせき》である明治維新において坂本龍馬が果した役割はこのように大きい。龍馬と恩師《おんし》勝海舟、最も尊敬した西郷隆盛、この偉大な三人物が互いにその人間を認め合い、信頼し、敬愛し合って明治維新を成就《じょうじゅ》させた歴史は私たち日本人の誇りである。

そうして明治維新が成功したのは、ひとえに日本に天皇が存在したからである。皇室《こうしつ》の存在が果てしない対立と闘争をとどめ、国家と国民を一つにまとめ上げることを可能にしたのである。慶喜は殺されなかった。それどころかそのあと公爵《こうしゃく》という最高の爵位《しゃくい》(公爵・侯爵《こうしゃく》・伯爵《はくしゃく》・子爵《ししゃく》・男爵《だんしゃく》の順)を授けられた。会津《あいづ》藩《はん》はつらい目にあったが、殿様(松平容保《まつだいらかたもり》)は殺されなかった。孫娘の松平節子《せつこ》姫《ひめ》は昭和天皇の弟君、秩父宮殿下《ちちぶのみやでんか》のお后《きさき》になられた。天皇、皇室があるからこそうしたことがありうるのである。このような国は日本しかない。

坂本龍馬は日本人の一典型《てんけい》であった。誠《まこと》、真心の人であり、素直でほがらかで飾り気のない思いやりの深い慎《つつし》みのある人だった。決して高ぶらず威張《いば》らない人だった。とび抜けた秀才ではなく努力の人だった。枠《わく》にはまらない桁《けた》はずれの人物で、信念、気魄《きはく》(気力)、胆力《たんりょく》(勇気)、度量《どりょう》は並びなかった。日本には「明《あか》き清《きよ》き直《なお》き誠《まこと》の心」という古い言葉がある。真の人間のもつ心のことだ。坂本龍馬はそのような人物であった。国家民族の危機、国難を深く憂《うれ》えて祖国を救おうとしたその気高《けだか》い志《こころざし》、尊い熱情と神願《しんがん》、無私の献身《けんしん》、不屈の勇気と行動。今日《こんにち》、坂本龍馬から学ぶことは多い。

第三話

東郷平八郎

——全世界が尊敬する古今随一《ここんずいいち》の海将

東郷平八郎

弘化4年(1847)～昭和9年(1934)
薩摩藩士。元帥海軍大将。日露戦争における連合艦隊司令長官。日本海海戦で空前の大勝をとげる。東宮御学問所総裁。(写真・国立国会図書館ウェブサイト)

1、明治の日本海軍を背負って

世界一の海将《かいしょう》

今日《こんにち》、世界において最もよく知られ敬愛《けいあい》されている日本人は誰であろうか。それは東郷平八郎《とうごうへいはちろう》である。東郷は古今東西随一《ここんとうざいずいいち》の海将《かいしょう》として全世界から深く尊敬されており、その名前を知らない人はほとんどいない。

東郷平八郎は日露戦争《にちろせんそう》の時、日本海軍の総指揮官《そうしきかん》として明治三十八年（一九〇五）五月二十七、二十八日、日本海においてロシアのバルチック艦隊《かんたい》を撃滅《げきめつ》し世界海戦史上かつてない大勝利を遂《と》げ、日露戦争の勝利を導いた海軍大将《かいぐんたいしょう》である。

その当時の世界はイギリス、ロシア、フランス、ドイツ、アメリカなどの白人の強国(欧米列強《おうべいれっきょう》)が非白人《ひはくじん》・有色民族《ゆうしょくみんぞく》の国々を植民地《しょくみんち》・従属国《じゅうぞくこく》として支配しており、欧米列強に立ち向かうことができる有色民族の独立国は日本以外にはなかった。白人達はすぐれた科学技術と近代的工業にもとづいて強大な軍事力を備《そな》えていたが、有色民族にはそれがなかった。白人達は有色民族が近代的文明を持たない劣等人種《れっとうじんしゅ》であるという強い人種偏見《じんしゅへんけん》を抱《いだ》いていたから、それらの国々を侵《しん》略《りゃく》、征服《せいふく》してその人々を奴隷《どれい》、家畜のように扱《あつか》うのを当然と思ったのである。

非西洋の国々がほとんど白人に支配され欧米列強による有色民族植民地化が今や完成せんとしていた二十世紀の初め、有色民族の一員である日本が立上《たちあが》りイギリスと世界の支配を争う強大国《きょうたいこく》ロシアを打破《うちやぶ》ったことは、白人たちに対して天地がひっくり返るような激しい衝撃《しょうげき》を与えるとともに、植民地《しょくみんち》、従属国《じゅうぞくこく》として支配されてきたアジア・アフリカの有色人種を驚嘆《きょうたん》、感激《かんげき》、狂喜《きょうき》させたのである。劣等人種あるいは人間以下と白人に軽蔑《けいべつ》され、自分たちは永遠に白人にはかなわず召使《めしつか》い、奴隷《どれい》として生きる以外にないと思わされてきた人々にとり、同じ有色人種である日本の勝利はまさに奇蹟《きせき》であったのである。

この日本の勝利をもたらす上《うえ》に決定的な働きをしたのが東郷平八郎だったから、東郷の名は一躍《いちやく》世界に轟《とどろ》き渡ったのであった。それまで世界一の海将といわれたのはイギリスのネルソン（一七五八～一八〇五）である。ネルソンは一八〇五年のトラファルガー沖海戦でフランス・スペインの連合艦隊《れんごうかんたい》を打破《うちやぶ》り、これよりイギリスが世界の七つの海を支配し最大の植民地を有する基礎《きそ》を築《きず》いた人物である。その百年後に日本海海戦《にほんかいかいせん》が行われ、ネルソンに並ぶ海将が出現したのだ。この東西二大海将のうちどちらが世界一か。イギリス人も含めて世界中の人々が東郷に軍配《ぐんばい》を上げたのである。わが国の歴史に全世界の人々が尊敬する世界一の海将をもつことは、私たち日本民族の誇りではないか。

東郷をほめたたえる世界

かつて世界の三大海軍国といわれたのは、日本とイギリスとアメリカである。東郷、ネルソンに次《つ》ぐアメリカの世界的海将がニミッツ（一八八五〜一九六六）である。先の大東亜戦争《だいとうあせんそう》において日本海軍が戦ったアメリカ太平洋艦隊司令長官であり、日本海軍は彼に敗れたのであった。そのニミッツが最も尊敬してやまなかったのは、ネルソンではなく東郷であった。ニミッツは日露戦争《にちろせんそう》直後、日本を訪れ東郷に会ったときの感激をこうのべている。

「私は海軍士官候補生《かいぐんしかんこうほせい》のとき、私の前を通った偉大な提督《ていとく》（海将のこと）東郷の姿を見て全身が震《ふる》えるほど興奮《こうふん》を覚《おぼ》えた。そしていつの日かあのような偉大な提督になりたいと思った」

大東亜戦争で日本が敗れた後も、ニミッツの東郷への尊敬の念は少しも変らなかった。ところがわが国では敗戦後、かつての英雄東郷は世間から見捨てられた。東郷が乗った戦艦《せんかん》三笠《みかさ》は大切に保存されてきたが、戦後むごたらしい扱《あつか》いを受け大砲など取り除かれ、司令長官室や士官室《しかんしつ》は酒場、舞踏室《ぶとうしつ》と変り果てたのである。ニミッツはこれを嘆《なげ》きアメリカ海軍に働きかけて、多額の金を三笠復元費《ふくげんひ》として日本側に寄贈《きぞう》した。昭和三十五年、ようやく三笠が復元された時、ニミッツは心から喜び次の言葉を寄せてきた。

「貴国《きこく》の最も偉大なる海軍軍人東郷元帥《とうごうげんすい》の旗艦《きかん》（主将の乗る軍艦）たる有名な三笠を復元するために協力された愛国的日本人のすべての方へ最善の好意をもってこれを贈る。

東郷元帥の大崇拝者《だいすうはいしゃ》たる弟子《でし》　米国海軍元帥　C・W・ニミッツ」

戦災《せんさい》で焼失《しょうしつ》した東郷神社（昭和十五年建立《こんりゅう》、東京・原宿）が再建される時も自著『太平洋海戦史』の日本語版の謝礼金《しゃれいきん》を提供、復興《ふっこう》が成った昭和三十九年、次の言葉を寄せてきた。

「日本の皆さん、私は最も偉大な海軍軍人である東郷平八郎元帥の御霊《みたま》に敬意《けいい》を捧《ささ》げます」

大東亜戦争において戦い合った世界一の海軍国の敵将ニミッツは、生涯《しょうがい》東郷を崇拝《すうはい》し自ら弟子とまで言って東郷をたたえてやまないのである。「公論《こうろん》は敵より出《い》ずる」という。公正な意見は味方《みかた》よりもむしろ敵方《てきがた》から出てくるという意味である。

こんな話もある。ニミッツが学んだアナポリスの海軍士官《しかん》学校にある記念館の中央には、東郷の肖像画《しょうぞうが》（似顔絵《にがおえ》）が掲《かか》げられている。ある日本人がこの記念館を訪《おとず》れた時、「なぜこんなところに日本の軍人が……」と首をかしげていると、学生達がワッと集ってきて口々に、

「アドミラル（提督《ていとく》）・トーゴーだ」

「実に素晴らしい」

「世界の海軍将兵の輝ける鑑《かがみ》だ」

と絶賛《ぜっさん》の声が浴《あ》びせかけられた。その日本人は「数ある有名人が何人束《たば》になってもこのたった一人の『明治の日本人』にはとうてい及ばない」とのべている。海軍士官学校の幹部《かんぶ》はその日本人にこう語った。

「この海軍士官学校を訪れた重要人物の数は、この一五〇年間それこそ枚挙《まいきょ》に暇《いとま》がありません。しかしアドミラル・トーゴーのように肖像画まで残され、永遠にその栄光を讃《たた》えるため記念館に高く掲《かか》げられている人物は、後にも先にも例がないと思います」

超大国《ちょうたいこく》アメリカの海軍士官学校の記念館にただ一人肖像画が高々と掲げられているのが、日本民族が生んだ世界一の海将東郷平八郎だったのだ。

「トーゴー」「ノギ」の名前を子供につけたポーランド・中東地域

日露戦争が終った時、驚喜《きょうき》し感激したのは有色民族だけではなかった。白人種の中でも強力な白人国から抑圧《よくあつ》され征服された国もまたそうだ。その一つがポーランドである。ポーランドは一七九五年、ロシア・プロシア・オーストリア三国により分割《ぶんかつ》されて、三国の支配が百年以上も続いた。ことにポーランドはロシアから長年ひどい目に遭《あ》ってきたから、日本がロシアを打破《うちやぶ》ったことがいかにポーランド人を驚嘆《きょうたん》、感激させたかはかりしれない。初代《しょだい》国連大使をつとめた外交官加瀬俊一《かせとしかず》氏は、昭和三十年代ポーランドを自動車旅行して、ある教会に立ち寄った時のことをこうのべている。

「年配《ねんぱい》の上品《じょうひん》な神父《しんぷ》が出てきて日本人だというと、〝ああいらっしゃい、日本の車があちこち走っていると聞いていました〟そういってお茶を出してくれたんです。そうしたらかたわらに小さな男の子が来て、それで私は、君の名は何《なん》ていうのと聞くと、〝ノギ〟というの。〝えっ、ノギ〟すると神父さんが言うのです。〝ノギというのは乃木《のぎ》（希典《まれすけ》）大将のノギですよ。ノギとかトーゴーとかこの辺《へん》はたくさんいましてね。ノギ集れ、トーゴー集れと言ったらこの教会からはみ出しますよ〟　トーゴーとはもちろん東郷平八郎にちなんでのことです。ポーランドではロシアの悪政《あくせい》に反抗《はんこう》して独立闘争《どくりつとうそう》に多くの血を流した歴史を持っているんです。そのロシアを打倒《だとう》した英雄にちなんで名前をつけるわけです。日本人はね、日露戦争の日本海海戦がいつか知らないでしょう。しかしポーランドの少年たち少女たちは日本海海戦や奉天会戦《ほうてんかいせん》がいつだったかよく知っているのですよ。皮肉《ひにく》ですね」

昭和二十年、大東亜《だいとうあ》戦争に敗れてアメリカの占領統治《せんりょうとうち》（昭和二十七年まで）を受けて以来、今日までわが国の学校における歴史教育は大きく歪《ゆが》められ、それまで国民的英雄として全日本人から敬愛仰慕《ぎょうぼ》されてきた東郷平八郎と乃木希典は、歴史教科書に名前さえのせられず少年少女たちに教えられなくなった。だから名も知らなければ、日本海海戦や奉天会戦についても知らない。

しかし国を奪われたポーランドの人々は、ロシアを打《う》ち負《ま》かした日本の勝利に感激して民族独立、国家回復《かいふく》の悲願《ひがん》をこめて、次代《じだい》を担《にな》うべきわが子供に「トーゴー」「ノギ」の名をつけたのである。驚くべきことではないか。日露戦争は欧州列強に支配された人々をかくも深く目覚《めざ》めさせた。

東郷平八郎と乃木希典は日本の勝利をもたらした国民的英雄であるのみならず、全ての有色民族と抑圧された人々にとってもこの上ない偉大な世界的人物であったのだ。つまり世界の宝物のような人物であったのである。

なお「トーゴー」「ノギ」の名前をつけることはポーランドのみならず、中東地域でも大はやりした。またトルコのイスタンブールには「トーゴー通り」が出来、ロシア支配下のフィンランドでは「トーゴービール」が作られた。

意地張《いじっぱ》りの仲五《なかご》

東郷平八郎は弘化《こうか》四年(一八四七)十二月二十二日、鹿児島《かごしま》城下《じょうか》に薩摩《さつま》藩士《はんし》東郷《とうごう》吉左衛門《きちざえもん》の四男として生まれた。元服《げんぷく》(武士が成人になること。十五歳前後)するまでは仲五郎《なかごろう》といった。家は加治屋町《かじやまち》にあったが、ここから東郷のほか西郷隆盛《さいごうたかもり》、大久保利通《おおくぼとしみち》、西郷従道《さいごうじゅうどう》、大山巖《おおやまいわお》、黒木為楨《くろきためもと》など明治維新《めいじいしん》と明治の御代《みよ》に活躍する偉人が幾人《いくにん》も出た。

明治の日本が世界に飛躍《ひやく》できた原因の一つは、江戸時代に発達した武士道《ぶしどう》があったからである。薩摩藩にはこの藩独特《どくとく》の郷中《ごじゅう》教育《きょういく》があったが、この教育において年少の武士たちに武士道がさずけられた。城下の各町を何々郷中とよぶが、東郷の所属《しょぞく》したのは下加治屋《しもかじや》郷中《ごじゅう》である。郷中の武士の子弟《してい》は数え六歳(満五歳)

になると稚児組《ちごぐみ》に入り、次いで十一歳になると長稚児組《おせちごぐみ》に進み、十五歳前後の元服後は二才組《にせぐみ》に上《あが》り一人前の武士として扱《あつか》われ、二十四、五歳の妻帯時《さいたいじ》までここに属した。

稚児は長稚児が、長稚児は二才が指導し、二才頭《にせがしら》あるいは郷中頭《ごじゅうがしら》とよばれる者が郷中の全責任《ぜんせきにん》を持った。明治維新の指導者・西郷隆盛はこの下加治屋郷中の二才頭を長らくつとめた。薩摩の武士は年少期から青年期までの長年月《ながねんげつ》、郷中教育において厳《きび》しく躾《しつけ》られ切磋琢磨《せっさたくま》（人間をみがきあげること）し合《あ》ったのである。年《ねん》長《ちょう》の先輩《せんぱい》たちにより心身《しんしん》の練磨《れんま》、文武両道《ぶんぶりょうどう》の教育がたゆみなく行われた。そこで少年たちの骨髄《こつずい》にたたきこまれたことは、嘘《うそ》を言わぬこと、負《ま》けぬこと、恐《おそ》れぬこと、弱音《よわね》を吐《は》かぬこと、卑劣《ひれつ》（いやしくきたない行い）なことをせぬこと、弱い者をいじめぬこと、人に対してやさしくし慈愛《じあい》（いつくしみ思いやること）を忘れぬこと、礼儀正しいこと、言葉を慎《つつし》むこと（理屈、無駄口《むだぐち》、いやしいこと、下品《げひん》なこと、人の悪口を言わないこと）、上にへつらい下をあなどらぬこと、などである。これらをどうしても守られない者は「郷中放し《ごじゅうばなし》」という共同絶交《きょうどうぜっこう》の罰《ばつ》を受けた。郷中教育は何より武士としてその人格《じんかく》と品性《ひんせい》を高め上げることを目的としていた。こうした郷中教育が独特《どくとく》の士風《しふう》（武士の気風《きふう》）をつちかったが、東郷は薩摩の武士道が生んだ一典型《いちてんけい》（手本《てほん》・模範《もはん》）であった。

東郷の両親はともにすぐれた人であった。父の吉左衛門《きちざえもん》は誠実《せいじつ》にしていつくしみの心が深く郡奉行《こおりぶぎょう》などをつとめたが、民百姓《たみひゃくしょう》から慕《した》われた。また海外事情《じじょう》に心を配《くば》り早くから海軍の必要性を理解していた。母の益子《ますこ》は剛毅《ごうき》な心をもつ男まさりの立派な女性で、夫をよく支《ささ》え子供らがすぐれた武士となるよう心を砕《くだ》いた。敬神《けいしん》の念が深く信仰心の厚い母であり、東郷はこの母の感化を強く受けている。父は早くなくなったが、九十歳まで生きた母を東郷はいたわりつくした。

少年時代の東郷は背《せ》たけはそう高くなかったが、「白梅《しらうめ》の君」といわれた容姿《ようし》端麗《たんれい》（顔かたちが美しいこと）な母に似た凛々《りり》しい好男子《こうだんし》で眼光《がんこう》は射《い》るがごとく鋭《するど》く、気力活力《きりょくかつりょく》は極《きわ》めて旺盛《おうせい》（活発で盛んなこと）、剛胆《ごうたん》（強く勇気があること）かつ敏《びん》捷《しょう》（すばしこいこと）な腕白者《わんぱくもの》であった。また無類《むるい》の強情《ごうじょう》で負けず嫌い、我慢《がまん》強く意地張《いじっぱ》りで郷中《ごじゅう》並ぶ者がなかった。仲間から「東郷の強情《ごうじょう》」「意地張《いじっぱ》りの仲五《なかご》」

とよばれた。

少年の東郷が最も尊敬し影響を受けた人物が西郷隆盛である。二十歳年上の西郷から直接指導を受ける機会は少なかったが、折々《おりおり》会うことがあるといつも「平八どん(殿)、平八どん」と温顔《おんがん》をほころばせて親しくしてくれた。東郷が世界一の海将となりえたのは、西郷を師として生涯仰慕《しょうがいぎょうぼ》し続けたからである。

東郷の武士としての初陣《ういじん》(初めて戦いに出ること)は文久《ぶんきゅう》三年(一八六三)の薩英《さつえい》戦争であり満十五歳の時である。出陣《しゅつじん》の時、母の益子は平八郎に一言「負《ま》くるな」と励《はげま》した。薩英戦争の後、東郷は兄や弟たちとともに薩摩藩の海軍局に入り、日々猛訓練《ひびもうくんれん》に励んだ。明治維新の戦いでは海戦に参加、軍艦に乗り阿波沖《あわおき》海戦、宮古《みやこ》湾海戦、函館《はこだて》における戦いで奮戦《ふんせん》した。まだ二十歳を少し越えたばかりであったが、東郷は実戦により鍛《きた》え上げられた筋金入《すじがねい》りの海軍軍人になっていた。実戦の体験《たいけん》は何より得がたく、海軍軍人としての大切《たいせつ》な心構《こころがま》えはこの時十分に培《つちか》われたのである。

イギリス留学

東郷は明治三年日本海軍に入り、翌年イギリスに留学《りゅうがく》した。以後明治十一年まで七年間イギリスで学んだ。二十四歳から三十一歳の時である。明治の日本は何事も欧米を手本にして学んだ時代であった。イギリスは当時世界一の海軍国であったから、日本は優秀な若者を派遣《はけん》して学ばせたのである。

東郷はイギリスの海軍士官学校《かいぐんしかんがっこう》に入学したかったが入れなかった。有色民族の弱小国《じゃくしょうこく》と見られたからで、こうした屈辱的扱《くつじょくてきあつか》いを受けて東郷は悔《くや》し涙《なみだ》を流した。代《か》わりに入学したのがウースター商船学校である。ウースターという練習船が学舎《まなびや》であり宿舎《しゅくしゃ》であった。この学校は商船学校とはいえ海軍式の教育、訓練《くんれん》を行い、校長は海軍大佐《かいぐんたいさ》であった。東郷はウースター号の釣床《つりどこ》に寝て約二年間学んだ。

学科と実際の訓練に明《あ》け暮《く》れる毎日である。英語で数学や科学、技術についての西洋の新しい学問を学ぶことにとても苦労したが、東郷は持《も》ち前《まえ》の強情《ごうじょう》、負けず嫌いを発揮《はっき》してひたすら粘《ねば》り強く努力を傾《かたむ》けた。色々な学科の中でももっとも得意となり好きになったのは数学であった。東郷は並《なみ》はずれた剛勇《ごうゆう》の持主《もちぬし》であったが、細心緻密《さいしんちみつ》（注意深くすみずみまでゆきとどくこと）で合理的《ごうりてき》な一面をも備《そな》えていたのである。

商船学校で学ぶイギリス人生徒はみな東郷よりずっと若い十代の少年たちである。彼らは始め東郷を「チャイナマン」とからかった。彼らにとり日本は東洋の弱小国にすぎず清《しん》の属国《ぞっこく》ぐらいにしか思っていなかった。最初は相手にしなかったが彼らのからかいがあまりにも激しいので、「私は支那人《シナじん》ではない。もし今後再びそのような言葉で私を愚弄《ぐろう》（馬鹿にすること）するならその骨を砕《くだ》いてやる」と言って拳《こぶし》を振り上げると彼らは驚いて逃げ去り、以後からかう者はなくなった。

留学期間は当初五年間だったが、日本政府の命令で二年延びた。その間《あいだ》東郷はさらに勉学し、軍事のほか西洋の歴史、外交、国際法《こくさいほう》などについても熱心に読書に励んだ。東郷の七年間のイギリス生活は「和魂洋才《わこんようさい》（日本人の精神・大和魂《やまとだましい》をしっかり持って西洋のすぐれたものを学ぶこと）」の精神で学びに明け暮れる実《みの》り多き時代であった。

だがこの間《かん》、東郷の一生において最も悲しむべき事件が起こった。それが明治十年の西南戦争《せいなんせんそう》である。イギリス留学をとりはからってくれた恩師《おんし》西郷隆盛が、国賊《こくぞく》（国家に反逆《はんぎゃく》する賊）とされて悲劇の死を遂《と》げたのである。また二人の兄が西郷に従って戦い、一人が戦死し一人が傷ついた。東郷はこの知らせに号泣《ごうきゅう》した。もし日本にいたなら兄たちとともに西郷に従っていたところである。

明治十一年五月、帰国した東郷はすぐに海軍中尉《ちゅうい》に任《にん》ぜられた。そのあと日本海軍最大の新鋭艦《しんえいかん》扶桑《ふそう》（三七〇〇トン）に乗《の》り組《く》んだ。当時唯一《ゆいいつ》の鋼鉄艦《こうてつかん》である。艦長は明治維新時の海戦で苦楽《くらく》を共にした薩摩出身の伊東祐亨《いとうゆうこう》中佐《ちゅうさ》である。同じ乗組員《のりくみいん》に山本権兵衛《やまもとごんべえ》少尉《しょうい》がいた。後年《こうねん》の日露戦争を勝ち抜いた日本海軍の三首脳《しゅのう》が扶桑に乗り合わせたのである。イギリスで七年間も学んだ東郷は前途《ぜんと》洋々《ようよう》たる少壮士官《しょうそうしかん》としてその将来を大きく期待された。帰国した年の十月、同郷の旧藩士の娘海江田《かいえだ》テツ子と結婚した。

東郷は明治十一年暮に大尉、十二年に少佐《しょうさ》、十八年に中佐《ちゅうさ》、十九年に大佐《たいさ》に進んだ。八年間で中尉から大佐へ駆《か》け上《のぼ》ったのは、最も優秀な海軍軍人の一人と認められたからである。この間《かん》東郷は常に第一線の軍艦勤務に励み、全身全霊《ぜんしんぜんれい》をもって任務《にんむ》を尽《つく》し名副長《めいふくちょう》（艦長の次の責任者）、名艦長《めいかんちょう》の名をほしいままにした。

2、苦難、試練を乗り越えて

病気で首になりかける

イギリス帰りの東郷は意気揚々《いきようよう》と軍務一筋《ぐんむひとすじ》に打ちこんでいたが、明治十九年の秋、突然《とつぜん》病いに倒《たお》れた。幕末《ばくまつ》以来約二十年間ほとんど休みなく働き続けた東郷は、海外生活と海上生活が長く続いたので健康をそこねたのである。気管支《きかんし》の病気で、明治二十三年まで療養生活《りょうようせいかつ》が続いた。命にかかわるほどの大病《たいびょう》ではなかったがなかなかよくならず、四年もの間出勤と療養を繰《く》り返《かえ》した。東郷にとり失《しっ》意《い》(思うようにならないこと)の時期であった。健康をどうやら取戻《とりもど》したのは四十二歳の時だが、そのあともしばらく病弱《びょうじゃく》な状態が続きそのためあやうく首になりかけた。

当時、海軍省《かいぐんしょう》は高級将校《こうきゅうしょうこう》のうち病弱者、手腕《しゅわん》なき者を大量にやめさせた。時の海軍大臣は西郷隆盛の弟、西郷従道《さいごうじゅうどう》である。明治の日本海軍を欧米の一流海軍国並《なみ》に作り上げた大功労者である。その西郷海相《さいごうかいしょう》に深く信頼されて海軍省を一手《いって》に切《き》り回《まわ》していたのが官房主事《かんぼうしゅじ》(後に軍務局長《ぐんむきょくちょう》という名称に変る)の山本権兵衛《やまもとごんべえ》である。東郷は海軍軍人として誰よりもすぐれていたが、こうも病弱では軍艦勤務は困難《こんなん》と見られたのである。しかし東郷の人物と才能をよく知る西郷海相は東郷をやめさせなかった。西郷隆盛に次ぐ恩人が西郷従道である。

病気は長びいたが東郷は決して落胆《らくたん》しなかった。寝たきりで何もできないというほどではなかったから、読書と修養《しゅうよう》に励んだ。人格を磨《みが》くことにつとめ、精神の修養となるもの、歴史、人物、軍事に関するもの、外交や国際法などの書物を心をこめて読んだ。東郷は決して武勇一点張《ぶゆういってんば》りの軍人ではなかった。東郷ほど人知れず真剣に読書した海軍軍人はそういなかった。

病気になってから日清戦争《にっしんせんそう》までの約八年間は苦難、逆境《ぎゃっきょう》と試練《しれん》の時代である。昇進《しょうしん》もずいぶん遅れた。海軍少将《かいぐんしょうしょう》になったのは明治二十八年、四十七歳の時だが九年間も大佐《たいさ》のままでその間に後輩《こうはい》であった山本権兵衛に追いつかれ、少《しょう》将《しょう》となったのも中将《ちゅうじょう》となったのも山本と同年《どうねん》である。

しかし歴史上に名をとどめるような偉人は、並々ならぬ失意、失望、苦難、厳しい試練を経験している。この時期をあまり持たなかった人間は真に大成《たいせい》し難《がた》い。首にされかかった受難《じゅなん》の時だったが、東郷は自己を省《かえり》み深く沈潜《ちんせん》(沈み隠れて自己を磨《みが》くこと)し読書に励み見識《けんしき》を養った。寡黙《かもく》(言葉が少ないこと)と沈着《ちんちゃく》(落ち着いていること。物事に動《どう》じないこと)の性格はますます磨《みが》かれた。長きにわたった失意の生活は東郷という人物の奥行《おくゆき》を一層《いっそう》深めたのである。東郷は勇気と胆力《たんりょく》(胆玉《きもったま》が大きいこと)だけの人間ではなかった。知性《ちせい》と見識《けんしき》(物事を深く見通す力)と思慮《しりょ》においても誰にも劣《おと》らなかった。ただ東郷はそれを決して表にあらわそうとしなかったから、人々は東郷を豪勇《ごうゆう》だけの知性はやや足りぬ軍人と見誤りがちであった。

ハワイにおける英雄トーゴー

ようやく回復《かいふく》した東郷は明治二十三年春、呉鎮守府《くれちんじゅふ》（主《おも》な軍港におかれ海軍部隊を監督《かんとく》する役所）参謀長《さんぼうちょう》に就任《しゅうにん》した。一年七ヵ月勤めたあと翌年十二月、軍艦浪速《なにわ》の艦長に任命《にんめい》された。浪速は三七〇〇トン、一八ノット、当時の高速の新鋭《しんえい》艦《かん》である。ようやく海上勤務に耐《た》えられるようになった東郷は喜びを噛《か》みしめた。

日清戦争の前年明治二十六年二月、東郷はハワイに行くことを命ぜられた。この年ハワイ王国が倒《たお》され、アメリカ人を大統領とする政府が出現《しゅつげん》した。ハワイには二万名以上の日本人が移民《いみん》（海外に移り住むこと）していたが治安《ちあん》が悪化、日本人の安全を守るため軍艦浪速が派遣《はけん》されたのである。海外で生活している日本人を守ることは政府と軍隊の大切《たいせつ》な義務《ぎむ》である。

その頃、アメリカはイギリス、ロシア、フランス、ドイツなどが植民地を求めて激しく競い合っていたその争いに加わり、アジア、太平洋に進出《しんしゅつ》を決意した。明治三十一年(一八九八)アメリカはスペインと戦い、その植民地であったフィリピン、グアム島を奪《うば》い取り、その年ハワイをアメリカの領土としたが、その数年前からハワイを狙《ねら》い続け明治二十六年、ついにハワイ王国を打ち倒したのである。アメリカはこうしてハワイ王国を乗取《のっと》り、アメリカの操《あやつ》り人形となる政府を作り、五年後ハワイを併合《へいごう》したのである。

浪速はホノルル港に三ヵ月停泊《ていはく》した。その間の出来事である。ハワイ政府のドール大統領がホノルル港にいるアメリカの軍艦を訪《おとず》れた時、数隻のアメリカの軍艦とアメリカの行動を支持《しじ》していたイギリスの軍艦は国家元首《げんしゅ》(国の最高の位にいる人物)に対する儀礼《ぎれい》として二十一発の礼砲《れいほう》を打った。だが浪速は一発の礼砲も打たなかった。ドールとアメリカ人は憤慨《ふんがい》(ひどく怒《いか》ること)した。しかし日本はハワイ政府を承認《しょうにん》していなかったから、東郷の措置《そち》は正しく少しも落度《おちど》はなかった。喜んだのは倒された王国の支持者とハワイの原住民《げんじゅうみん》である。東郷と浪速は全ハワイの人々の知るところとなった。

　またある日、一人の日本人移民《いみん》が岸壁《がんぺき》から飛びこみ浪速めがけて泳いできた。すぐ救い上げたがその日本人は脱獄《だつごく》してきた囚人《しゅうじん》であった。しかし東郷はこの脱獄者を平然《へいぜん》と保護《ほご》した。ハワイ政府は囚人引渡《しゅうじんひきわた》しを強く要求《ようきゅう》したが、東郷は頑《がん》としてはねつけた。この東郷のやり方も国際法上少しも誤りはない。囚人が日本の軍艦に逃げこんだということは、日本の領土内に入ったことを意味する。引渡すかどうかは東郷の勝手《かって》、胸三寸《むねさんずん》である。いわんや日本はハワイ政府を未承《みしょう》認《にん》なのだから、たとえ囚人であっても拒絶《きょぜつ》して一向《いっこう》にさしつかえなく東郷の措置《そち》は全く正当であった。東郷はかねて外交問題や国際法につきよく学んでいたから間違うことはなかった。

　ハワイ政府はアメリカの軍艦に武力行使をさせて取り戻すと威嚇《いかく》してきた。しかしそんなおどしに屈《くっ》するような東郷ではない。てこでも動かぬ東郷に対して、政府は副大統領《ふくだいとうりょう》を浪速にやり頭を下げて囚人引渡しをひたすら懇願《こんがん》したが、東郷は拒絶《きょぜつ》を貫《つらぬ》いた。囚人を引渡《ひきわた》さなければならぬいかなる理由もないからである。東郷はいい加減な妥協《だきょう》を決してしなかった。東郷は物事の筋道をよく分別《ふんべつ》し理解する知性の持主《もちぬし》であり、すこぶる理知《りち》の徹底《てってい》した人物であった。そのあと東郷はホノルル沖合《おきあい》の公海上《こうかいじょう》において、標的《ひょうてき》を並べて猛烈な艦砲射撃訓練《かんぽうしゃげきくんれん》を行った。その砲声《ほうせい》はホノルル市街に轟《とどろ》き渡り、ドールらハワイ政府のアメリカ人は震《ふる》え上《あが》った。まことに痛快《つうかい》胸のすく東郷の行為であり、また国際法上どこからも文句のつけられぬ細心《さいしん》で抜《ぬ》かりがないやり方であった。

しかし、このような東郷に対してハワイの日本総領事(外交官)は、東郷を厄介《やっかい》者扱《ものあつか》いして、「浪速艦長には全くひどい目に遭《あ》った」と愚痴《ぐち》をこぼした。

このあと東郷は一旦《いったん》帰国したが再び出向《でむ》き、明治二十四年春までこの地にあった。任務を終えて立ち去るとき多くの原住民が岸壁《がんぺき》に詰《つ》めかけ、ハワイ王国を顚《てん》覆《ぷく》したアメリカ人のハワイ政府に向い終始正々堂々の態度をとり続けた東郷に対して、浪速が遠く沖合《おきあい》に消え去るまで「トーゴー、トーゴー」と涙を流して絶《ぜっ》叫《きょう》し別れを惜しんだ。この地において「トーゴー」の名は英雄の別名であった。

高陞号《こうしょうごう》撃沈で見せた剛毅《ごうき》と熟慮《じゅくりょ》

明治時代の最も大きな課題《かだい》が朝鮮問題である。ここから日清戦争《にっしんせんそう》と日露戦争《にちろせんそう》が起きた。明治維新後、日本は朝鮮との友好を求め、朝鮮が清《しん》から独立することを強く願った。日本の独立と安全の上に朝鮮と手をたずさえ協力し合うことは、どうしても欠くことのできない重要事であった。しかし清はあくまで朝鮮を従属国として支配しようとした。また清は日本を小国として軽蔑《けいべつ》し対等の話し合いに応じようとは決してしなかったから、明治二十七年七月、日清戦争が始まった。

東郷は軍艦浪速の艦長として出陣《しゅつじん》した。日本海軍は連合艦隊《れんごうかんたい》を編成《へんせい》した。連合艦隊司令長官は伊東祐亨中将《いとうゆうこうちゅうじょう》である。連合艦隊は本隊と第一第二遊撃隊《ゆうげきたい》から成《な》る。浪速は第一遊撃隊四隻の一艦で、本隊の六隻と第一遊撃隊の四隻が主力《しゅりょく》の軍艦である。

海軍の戦いは七月二十五日、朝鮮半島西岸仁川《じんせん》に近い豊島沖《ほうとうおき》で開始され、第一遊撃隊と清国軍艦二隻が砲撃《ほうげき》を交《まじ》えた。その時、イギリス国旗を掲《かか》げた輸送船高《ゆそうせんこう》陸《しょうごう》号がその場に現われた。高陸号は千名余りの清国兵と多量の武器弾薬《ぶきだんやく》を朝鮮半島に輸送する途中であった。この船はイギリス籍《せき》、船長はイギリス人である。東郷は直ちに停船《ていせん》させて、浪速に随行《ずいこう》すべきことを命じた。当然の措置《そち》である。ところが清国兵が命《めい》を拒《こば》んだ。東郷は部下を高陸号にやり説得《せっとく》したが彼らの態度は少しも変らない。ここにハワイの時と同様外交上の問題が持ち上ったのである。清国兵は絶対見逃《みのが》せないが、しかしその船はイギリス船である。砲撃して船を沈めた場合どうなるかが問題であった。イギリス船を沈めイギリス人船長を死なせたりするなら、イギリスよりいかなる無理難題《むりなんだい》(いいがかり)がふりかかるか知れなかった。当時の日本は欧米を虎《とら》のごとく恐れていた。

東郷はイギリス人船長と船員に再三船から退去《たいきょ》すべきことを勧告《かんこく》した。しかし清国兵は船長をおどし続けた。東郷は熟慮《じゅくりょ》に熟慮を重ねた末、命令をあくまで拒絶《きょぜつ》する高陸号を断然撃沈《だんぜんげきちん》したのである。このとき東郷は海に飛びこんだイギリス人の船長、船員を救助してやった。

　このイギリス船高陞号撃沈事件は内外の大問題となった。イギリスの各新聞は一斉《いっせい》に浪速の行為を中立国《ちゅうりつこく》に対する国際法違反《いはん》として騒ぎ立てた。イギリス外相は青木周蔵駐英公使《あおきしゅうぞうちゅうえいこうし》を呼びつけ激しく日本を責《せ》め損害賠償《そんがいばいしょう》を要求した。一方、国内では伊藤博文首相《いとうひろぶみしゅしょう》が東郷はあとさきを考えない何と乱暴《らんぼう》なことをやる男かと頭を抱《かか》えた。だが西郷従道海相《かいしょう》は何事も細心慎重《さいしんしんちょう》な東郷のことだからよもや間違いはあるまいと信じた。しかし東郷非難《ひなん》の大合唱にはさすがに弱り、後日《ごじつ》「浪速の一発にはおい（おれ）がやられた」とこぼした。ところがイギリスの国際法の大家《たいか》である二人の博士が新聞に寄稿《きこう》、東郷の行為は国際法に少しも違反《いはん》せず一点《いってん》の非難《ひなん》すべきところなく、むしろ果断《かだん》（きっぱりとした決断）の措置《そち》として称《しょう》賛《さん》したため流れは一変、イギリス政府は賠償要求《ばいしょうようきゅう》をとり下げた。

　高陞号はイギリス船だが日清両国が開戦した以上、清国兵を輸送することはイギリスこそ中立違反であり日本への敵対《てきたい》行為そのものである。従って浪速が攻撃することは少しも誤りなき正当行為であり、撃沈されようと船長以下全員殺されようと一言も文句のいえる立場ではない。船長らが救助されただけでも東郷に感謝せねばならなかったのだ。東郷は内外においていかに非難されようが、「誰が何といっても東郷の措置《そち》に間違いはござらぬ」と言い切り、平気《へいき》の平左《へいざ》でいたのである。東郷はこうした剛毅《ごうき》と大胆、熟慮《じゅくりょ》と慎重《しんちょう》をあわせもつめったにない海軍軍人であることを内外に鮮《あざや》かに示したのである。

宝船《たからぶね》・浪速《なにわ》の奮戦

このあと九月、黄海《こうかい》において両国海軍の決戦が行われた。それは、長らく続いた木造帆船《もくぞうはんせん》の時代から近代的技術を誇る鋼鉄製蒸気船《こうてつせいじょうきせん》の時代に完全に移行した、近代的海軍による本格的海戦であった。両海軍の戦力を比較すると、日本海軍の主力は十隻、清国海軍が十二隻だが、清は当時不沈戦艦《ふちんせんかん》といわれた七三〇〇トンの二大巨艦《にだいきょかん》定遠《ていえん》・鎮遠《ちんえん》を有しており、日本にはこれに対抗《たいこう》できる軍艦がなかった。最大の主力艦は四二〇〇トンの松島《まつしま》・厳島《いつくしま》・橋立《はしだて》の「三景艦《さんけいかん》」である。また清国軍艦には西洋海軍の軍人が乗りこみ指導していたから、欧米では清が勝利すると見るものが大半《たいはん》であった。

九月十七日正午戦闘が始まったが、本隊と第一遊撃隊は縦《たて》一列に並ぶ単縦陣《たんしょうじん》をもって整然《せいぜん》とした艦隊運動《かんたいうんどう》を決して崩《くず》すことなく、呼吸を合わせて前後左右から清国艦隊を押《お》し包《つつ》むように攻めに攻め続けた。一方、清国艦隊は統一的な艦隊運動をとることが少なく個々ばらばらの戦い方をしたため、日本艦隊に効果的《こうかてき》な打撃を与えることができなかった。戦闘は夕方まで続いたが清国艦隊は十二隻中四隻が撃《う》ち沈められ一隻が坐礁《ざしょう》（船が海中の岩に乗り上げること）、合わせて五隻を失った。残り七隻はかろうじて旅順港《りょじゅんこう》に逃げ帰ったがみな大きな被害を受けた。定遠と鎮遠はよく戦ったが、艦の損傷《そんしょう》激しくまた多くの将兵《しょうへい》を失った。

これに対して連合艦隊は一隻も沈まなかった。多少の被害を受けたのは本隊の松島ら二隻ぐらいである。連合艦隊は定遠・鎮遠を撃《う》ち沈めることはできなかったものの、清国艦隊に大打撃を与えることができた。第一遊撃隊の四艦は縦横《じゅうおう》無尽《むじん》に駆《か》け回《まわ》り奮戦力闘《ふんせんりきとう》した。各艦ともよく戦ったが最も奮闘著《いちじる》しかったのが浪速である。浪速は定遠・鎮遠にくらいついた。二艦から少なからぬ巨弾《きょだん》を浴《あ》びたが被害はほとんどなく、しかも日清戦争中一人の戦死者も出さなかった。激しい海戦を行って軍艦から戦死者が一人も出ないということは普通ありえない。まわりは浪速の奮戦と強運《きょううん》をたたえて「宝船《たからぶね》」とよんだ。その宝船の艦長である東郷は、戦闘指揮官として誰よりも傑出《けっしゅつ》していることを示したのが日清戦争であった。

大敗した清国海軍は再起不能《さいきふのう》となり、明治二十八年二月、降伏《こうふく》した。陸軍も連戦連勝を重《かさ》ね四月、日清戦争は終った。東郷は清国艦隊降伏後、海軍少将《かいぐんしょうしょう》になり常備《じょうび》艦隊《かんたい》司令官《しれいかん》兼《けん》第一《だいいち》遊撃隊《ゆうげきたい》司令官《しれいかん》に任命された。時に五十歳。東郷はようやく真価《しんか》(まことの価値。本当の値うち)を発揮《はっき》し始めた。しかしこれほどの活躍にもかかわらず、後年《こうねん》東郷が日本を代表する世界的海将となる大人物であると思った者は一人もいなかったのである。

3、日露戦争《にちろせんそう》――世界史を変えた世紀の一戦

ロシアの南下――三国干渉《さんごくかんしょう》・朝鮮の属国化・満洲《まんしゅう》占領

わが国は日清《にっしん》戦争に勝利したが、朝鮮問題は解決されなかった。日清戦争後、ロシア・フランス・ドイツによる「三国干渉《さんごくかんしょう》（他国の政治・外交に口を出し自分の意志に従わせようとすること）」が行われ、日本は清から割譲《かつじょう》（領土の一部を他国に譲《ゆず》り与えること）された遼東半島《りょうとうはんとう》を清に返還《へんかん》させられた。三国は返還しなければ日本に挑戦《ちょうせん》すると威嚇《いかく》したので、わが国は涙を呑《の》んで屈服《くっぷく》した。国民は三国の

非道《ひどう》（道にはずれた行い）なやり方に心から怒《いか》りこの屈辱《くつじょく》を必ず晴らすことを誓い、「臥薪嘗胆《がしんしょうたん》（たきぎの上に寝て熊の苦《にが》い胆《きも》を嘗《な》めること。報復《ほうふく》の気持を忘れないため身を苦しめること）」を合言葉《あいことば》にした。

日本を屈服させたロシアは清に代《かわ》って朝鮮に進出、この国を属国《ぞっこく》として支配した。日本の独立と安全は一層《いっそう》危《あやう》くなったのである。そのあとロシアは明治三十一年（一八九八）、遼東半島の先端《せんたん》にある旅順《りょじゅん》・大連《だいれん》という重要な港を含む関《かん》東州《とんしゅう》を租借《そしゃく》（期限つきで他国の領土を所有すること）という名のもとに清からかすめ取った。つまり本来日本の領土であったものをロシアは横取りしたのである。この時ドイツも膠州湾《こうしゅうわん》、フランスもまた広州湾《こうしゅうわん》を租借《そしゃく》した。イギリスも黙って見ておられず威海衛《いかいえい》と九龍《きゅうりゅう》半島《はんとう》を租借した。なお先にのべたようにこの年アメリカはフィリピン・グアム・ハワイを奪い取った。

またロシアは明治二十九年、バイカル湖の東側からウラジオストックを結ぶ東《とう》清鉄道《しんてつどう》（シベリア鉄道の一部）の敷設権《ふせつけん》を獲得《かくとく》した。次いで旅順・大連を手に入れた時、ハルビンから旅順までの東清鉄道支線《しせん》の敷設権をも獲得した。そうして明治三十三年義和団事件《ぎわだんじけん》が起きた時、全満洲を占領し満洲をロシアのものにした。これがアジアを支配しようとするロシアの南下政策《なんかせいさく》である。ウラジオストックというロシア語は「東方《とうほう》（アジア）を征服・支配せよ」という意味である。ロシアばかりではない。イギリスはもちろんフランスもドイツもそして新興《しんこう》大国アメリカもみな同じでアジアに植民地を求めて非道《ひどう》の限りを尽《つく》したのである。

欧米列強の目的は全《すべ》ての有色民族の征服・支配にあるから、日本にだけは手を出さないということはありえない。最後に必ず日本を狙《ねら》い、列強はわが国を分割《ぶんかつ》支配したであろう。日本は戦わずして滅亡《めつぼう》の憂目《うきめ》を見る運命にあったのだ。

しかし、有色人種の国々が片《かた》っ端《ぱし》からなぎ倒され侵略・支配された中で、日本だけが国家の独立と民族の生存《せいぞん》・生き残りの為に、決然《けつぜん》として日露戦争に立ち上ったのである。本来ならば日露戦争はありえなかった。万《まん》が一《いち》起《お》きても日本が勝つことは絶対といってよいほど不可能であった。国力、経済力、軍事力に雲泥《うんでい》の差があったからである。日本は明治維新後近代化に全力を上げて欧米の科学技術その他をとりいれ、近代的国家と近代的軍隊を作り上げた。しかし欧米の白人達からするならば、「劣等人種」あるいは「人間以下」である日本人の努力は「猿《さる》真似《まね》」でしかないと馬鹿にし軽蔑《けいべつ》しきっていたのである。

日本の勝利は奇蹟《きせき》というほかなかった。なぜ勝てたのか。数字に表すことのできる物理的要素《ぶつりてきようそ》を比べるなら日本は必敗《ひっぱい》以外にありえなかった。すると勝因《しょういん》は数字に表しがたい精神的要素ということになる。精神的要素とは日本人のすぐれた精神性、国民性《こくみんせい》である。それがロシアと比べて断然上《だんぜんうえ》であったのである。ことに戦争の勝敗を決める最も大切な要因《よういん》は、戦いを指導する指揮者《しきしゃ》の人間性・統《とう》率力《そつりょく》・精神力である。軍事力が明らかに劣った日本が強大国ロシアに勝利しえた最大の理由は、陸軍には乃木希典《のぎまれすけ》、海軍には東郷平八郎という類《たぐ》い稀《まれ》な大将がいたからであった。

東郷長官には神経がない

東郷は日清戦争後、海軍大学校校長、佐世保鎮守府司令長官《させぼちんじゅふしれいちょうかん》、常備《じょうび》艦隊司令

長官、舞鶴鎮守府《まいづるちんじゅふ》司令長官という要職《ようしょく》を歴任《れきにん》した。四十七歳から五十六歳の時である。この間、東郷の健康は良好とはいいがたくしばしばひきこもった。日清戦争における大活躍にもかかわらず、もうこれで東郷はおしまいと思った人が少なくなかった。

しかし明治三十六年十二月、東郷は明治天皇より連合艦隊司令長官《れんごうかんたいしれいちょうかん》に任命《にんめい》された。山本権兵衛海軍大臣と伊東祐亨海軍軍令部長《ぐんれい》はこの大任《たいにん》をまかせることができるのは東郷以外にないとして推挙《すいきょ》したのである。しかしこの人事は海軍内部では意外とされた。病気勝《が》ちの東郷はもう御用済《ごようずみ》と思われたのである。連合艦隊の三十代の少壮将校《しょうそうしょうこう》などは「このような長官が来たんじゃかなわん、困ったものだ」と思った者がほとんどであった。見る目のない者にはわからないのだ。人間の真価《しんか》をはかるのはむつかしい。もし日露戦争がなかったなら、東郷はとても歴史上の偉人とはなりえなかったであろう。この頃一層寡黙《いっそうかもく》となり謙抑《けんよく》(へり下って自分をおさえること)な態度をもって英気《えいき》(すぐれた精神、才能)を包む東郷の姿は、とても賢人《けんじん》、偉人には見えなかったのである。しかし日露戦争という近代日本の一大国難《いちだいこくなん》において、東郷は真《しん》に民族の英雄であることを実証《じっしょう》するのである。

ロシアは、陸軍は世界一の強国といわれ、海軍はイギリス、フランスに次ぐ世界第三位で日本海軍の三倍もの戦力を持っていた。日露戦争で戦った主力《しゅりょく》の戦艦の数でいうと日本は六隻、ロシアは十五隻（太平洋艦隊七隻、バルチック艦隊八隻）で圧倒《あっとう》していた。

連合艦隊はまず明治三十七年二月から十二月まで旅順を基地《きち》とする太平洋艦隊と戦った。東郷の苦労は約一年間続いたこの前半戦にあった。最後は陸軍の協力を得て全滅できたが、明治三十七年五月、六隻しかない戦艦のうち二隻が敵の機《き》雷《らい》（海中に仕《し》掛《か》けられ軍艦がそれにふれると爆発する円形の爆弾）にかかって沈没したのである。八月十日の黄海《こうかい》海戦前に戦艦の三分の一を失ったのだから、連合艦隊の将兵は激しい衝撃を受け気持が動顛《どうてん》（ひっくりかえるように驚き、がっくりすること）しない者はなかった。

ところが部下からその悲報《ひほう》を受けた時、東郷は少しも態度を変えず驚いた様子《ようす》を見せなかった。そのあと生き残った戦艦の二人の艦長が旗艦《きかん》三笠《みかさ》にやってきた。二人は東郷の顔を見るなり「申し訳ありません」と言うや男泣きに泣き床《ゆか》に倒《たお》れくずれた。二人は戦艦を沈めた責任を取りこのあと自決《じけつ》（自殺すること）する覚悟でいたのである。東郷はこの時も顔色一つ変えず二人に小言《こごと》も愚痴《ぐち》も言わず、「ご苦労だった。戦《いくさ》だからこういうこともある。いいか、決して早まって自決してはならんぞ」とこんこんとさとし慰《なぐさ》め励ました。二人は涙ながらに自決を思いとどまった。

この惨事《さんじ》（悲しくみじめなできごと）は連合艦隊にとり一大危機《いちだいきき》であり、将兵《しょうへい》の士気《しき》（兵士の意気《いき》ごみ、戦闘精神）が一気に崩《くず》れ去るおそれが十分にあった。主将の真価《しんか》は自軍が不利な状態に陥《おちい》ったり、負《ま》け戦《いくさ》の時に明らかになる。がっくりしている部下は主将を見る。その時、主将が動揺《どうよう》した様子《ようす》を見せ部下に文句を並べたなら、全体の士気はたちまち崩壊《ほうかい》する。

しかし、連合艦隊の大災厄《だいさいやく》、一大不幸に東郷は全くふだんと変らず平然として、まるで人間の感情や神経を一切抜き去ったようであった。東郷はいかなることに出会っても自分の感情を十分に抑制《よくせい》する修養《しゅうよう》を長年にわたって積《つ》んでいたのである。事故の翌日、東郷は主な軍艦を訪《たず》ね悲しみに打ち沈む兵士たちを励まして歩いた。温顔《おんがん》に威《い》をたたえた泰然《たいぜん》自若《じじゃく》(落ち着いて物事に動ぜず平常と変らないさま)とした姿に接した連合艦隊の将兵は、ようやく安心を取《と》り戻《もど》し士気《しき》を回復《かいふく》したのである。兵士たちはこう言って東郷をたたえた。

「東郷長官には神経《しんけい》がない」

少年時代からの剛毅《ごうき》と強情《ごうじょう》が磨《みが》きに磨きをかけられて、いかなる困難にあっても決してくじけない精神を持つ海将になっていたことを、連合艦隊の全将兵が思い知らされた一瞬《いっしゅん》であった。

「誓って宸襟《しんきん》を安んじ奉《たてまつ》ります」

ロシア太平洋艦隊が全滅した後、東郷は上京《じょうきょう》して明治天皇に一年間の戦いにつき奏上《そうじょう》(天皇に申し上げること)した。天皇は深くお悦《よろこ》びになり連合艦隊の尽力をたたえ将兵の労を厚くねぎらわれた。

明治三十八年正月、明治天皇は東郷始め山本海軍大臣、伊東海軍軍令部長らを宮中《きゅうちゅう》(皇居《こうきょ》)に招き宴会《えんかい》を催《もよお》された。難攻不落《なんこうふらく》(いかに攻めても絶対に落ちないこと)といわれた旅順要塞《りょじゅんようさい》も遂《つい》に陥落《かんらく》したので、宴会は大いに盛り上った。そのとき伊東軍令部長は明治天皇に、「東郷も開戦以来一年、疲れたことだろうから交代《こうたい》したらよいという説が出ております」と申し上げた。するとそれまでご機嫌《きげん》うるわしくお酒を召《め》し上《あが》っておられた天皇は顔色を変え頭を振られて、「それはいかん、東郷を代《か》えてはならぬ」と強く仰《おお》せられた。不安を感じられた天皇は終了後山本海相《かいしょう》を呼び、「東郷を決して交代《こうたい》させてはならぬ」と厳命《げんめい》された。ああ何という深いご信頼《しんらい》であろう。東郷はかくまでのご信任《しんにん》(深く信じてまかせること)の厚さに感泣《かんきゅう》、感奮《かんぷん》(感動して奮《ふる》い立つこと)するほかなく、やがて来航《らいこう》するバルチック艦隊を全滅することを固《かた》く心に誓った。二月、いよいよ東京を立つとき、明治天皇から敵艦隊との戦いにつきたずねられた。東郷は力強くきっぱりとこう申し上げた。

「恐《おそ》れながら誓《ちか》って敵艦隊を撃滅《げきめつ》しもって宸襟《しんきん》(天皇のお心)を安《やす》んじ奉《たてまつ》ります」

敵艦隊を残すところなく全滅して日本の最終的な勝利を導《みちび》き、自分を深く信頼して下さる明治天皇にご安心していただく。これが東郷の覚悟《かくご》であった。ただ勝つだけではだめだった。ロシアの陸軍は連敗を重《かさ》ねていたが世界一の陸軍国の名誉《めいよ》にかけて、日本陸軍を打破《うちやぶ》り最後の勝利をとげるまで戦争を続ける意志を持っていた。そのロシアに戦いをあきらめさせるただ一つの道は、バルチック艦隊を全滅するしかないと東郷は考えたのである。

ふだん東郷は無口で決して大言壮語《たいげんそうご》（大げさな言葉、ほらを吹くこと）しない。この時そばにいた山本海相は驚き、あとで「東郷さん、陛下《へいか》にあのように申し上げて、もし出来なかったらどうするのです。切腹《せっぷく》（腹を切って死ぬこと）しても申し訳は立ちませんよ」と言ったほどである。

日本海海戦《にほんかいかいせん》――世界海戦史上空前の大勝

バルチック艦隊がやってくるまでの三ヵ月間、連合艦隊は連日《れんじつ》火の出るような猛訓練を重ねた。東郷は朝早くから夕方まで射撃その他の訓練を巡視《じゅんし》し部下を励《はげま》した。兵士たちの士気《しき》と闘志《とうし》は最高潮《さいこうちょう》に達《たっ》した。

バルチック艦隊の戦力は明らかに日本を上回《うわまわ》っていた。主力の戦艦は日本が四隻、ロシアが八隻と圧倒《あっとう》していた。戦艦に次ぐのは一等巡洋艦《じゅんようかん》だが、こちらはロシアが三隻、日本が八隻で優勢であった。しかし一等巡洋艦の戦力は明らかに戦艦に劣《おと》り、たとえ数が多くても戦艦には太刀《たち》打ち出来ない。従って欧米諸国ではこれまでロシアは負けてきたけれど、今度こそはバルチック艦隊が勝つと思った。また国内においても戦艦が倍もある敵に、果《はた》して勝利できるであろうかと心配しない者はいなかった。

明治三十八年五月二十七日早朝、バルチック艦隊が対馬海峡《つしまかいきょう》を目指して北上しつつある姿が発見された。東郷は大本営《だいほんえい》(日本軍の総司令部)に電報を打った。

「敵艦見ゆとの警報《けいほう》に接《せっ》し連合艦隊は直《ただ》ちに出動《しゅつどう》これを撃滅《げきめつ》せんとす。本日《ほんじつ》天気晴朗《せいろう》なれども波高し」

午後一時三十九分、バルチック艦隊は対馬と沖《おき》の島《しま》の間に姿を現した。連合艦隊との距離は一万五〇〇〇メートル。両艦隊は南北より刻々《こくこく》接近した。いよいよ決戦である。戦闘開始直前の午後一時五十五分、旗艦《きかん》三笠に高々と、「皇国《こうこく》(天皇国日本)の興廃此《こうはいこ》の一戦《いっせん》に在《あ》り。各員一層奮励《かくいんいっそうふんれい》努力《どりょく》せよ」との信号旗《しんごうき》が上《あが》った。東郷は三笠の高い艦橋《かんきょう》に二日間立ち続けて指揮した。両艦隊はいよいよ接近、ちょうど打ちごろの八千メートルの距離になった午後二時五分、東郷は艦隊を東北東に急回転させた。これが「敵前大回頭《てきぜんだいかいとう》」である。欧米では「トーゴー・ターン」と呼んでいる。こうして三笠《みかさ》を先頭にして順に東北東に向って転進《てんしん》を開始した。

海戦においては戦闘直前における艦隊の急回転は決して行ってはならないとされた。なぜなら急角度で回転した場合、敵の砲撃に対してねらいを定めることが出来ず、回転中は応戦《おうせん》が不可能となる。敵前回頭が始まった時バルチック艦隊は、東郷は何という馬鹿なことをするのだと驚喜《きょうき》した。相手ばかりではない。味方の一参謀《いちさんぼう》は東郷の敵前回頭は大胆《だいたん》、冒険《ぼうけん》を超えた「乱暴な処置《しょち》」であり、こちらが先に沈められると思ったと後《のち》に語っている。ではなぜ東郷はそうしたのであろうか。

東郷が最も苦心したことは、敵艦隊をいかにして決戦に誘《さそ》いこむかである。バルチック艦隊としては長期間航海してきたから、ひとまずウラジオストックに入港して部下を休ませてから戦いたかった。しかし東郷としては相手を取《と》り逃《に》がさず出会《であ》い頭《がしら》に決戦に持ちこみたい。そのために敵をあざむき、すきを見せ敵前回頭を行い、さあ打てといざなったのである。

バルチック艦隊司令長官ロジェストウェンスキー中将は、よしやろう、神の加《か》護《ご》われにあり、この戦いはロシアの勝ちだと思ったのだ。二時八分、バルチック艦隊の各艦は三笠以下に対して一斉《いっせい》に猛撃《もうげき》を開始した。最初の三、四分間に三笠に飛来《ひらい》した敵弾《てきだん》は三百発以上もあった。連合艦隊が反撃したのは二時十一分である。部下の将兵《しょうへい》は砲撃命令《ほうげきめいれい》を待ったが、それを待つ三分間は一時間もの長さに感じられた。戦闘開始してから約三十分間は苦しい戦いであった。激烈《げきれつ》な打ち合いが続いたがやがて形勢《けいせい》は断然《だんぜん》日本に有利になった。日本の砲撃能力はロシア側を圧倒していた。次から次へと命中、敵艦は火災《かさい》を起こし火だるまになっていった。日没後は駆逐艦《くちくかん》と水雷艇《すいらいてい》が真夜中まで敵艦を追い魚雷《ぎょらい》を打ちこんだ。二十七日、連合艦隊は戦艦五隻を撃沈《げきちん》する大戦果《だいせんか》を上げた。

しかし相手はまだ三隻の戦艦ほか多数の軍艦が生き残っている。これらをウラジオストックに絶対やってはならなかった。翌二十八日、東郷は早朝より一隻ものがさじとして敵を追《お》い詰《つ》め、夕方戦闘は終了した。戦艦残り三隻のうち一隻は大被害をうけて沈没、二隻は白旗《しろはた》を上げて降伏した。結果は、ロシア側は戦艦六隻、巡洋艦四隻始め二十一隻が沈没、戦艦二隻を含め六隻が捕獲《ほかく》された。ウラジオストックに逃げこむことができたのはわずか三隻の小軍艦だけだった。

これに対して連合艦隊は戦艦、巡洋艦《じゅんようかん》、駆逐艦《くちくかん》みな一隻も沈められず、また大被害なく戦闘機能《きのう》を失わなかった。沈没したのは百トン前後の水雷艇《すいらいてい》三隻だけで、それも敵弾によらず高波のためであった。

バルチック艦隊はほとんど全滅、連合艦隊は水雷艇三隻のみ。世界海戦史上空《くう》前《ぜん》の完勝《かんしょう》、大勝利であったのである。なぜこのような勝利がありえたのであろうか。それは連合艦隊司令長官東郷平八郎の卓越《たくえつ》した決断、指揮、統率《とうそつ》によるほかになかった。誰からみても乱暴としか見えない敵前回頭を行い始めの数分間、相手に打たせ放題《ほうだい》にした。いうならば肉を斬《き》らせて骨を断《た》つという捨身《すてみ》の剛胆無《ごうたんむ》比《ひ》の戦い方ではあったが、そこには東郷ならではの細心にしてゆきとどいた理性的判断が伴《ともな》っていた。東郷はこれまでのロシア海軍との戦いの経験からその砲撃能力を判断して、最初は不利な形勢で多少の損害が出ても、わが軍艦は決して沈められることはないと考えた。つまりそれは大胆と慎重を兼ね備えた類《たぐ》いなき決断であり指揮であったのである。

もう一つの理由は部下の将兵たちがみな東郷に心服《しんぷく》していたことである。「東郷長官には神経がない」東郷長官がいる限り我々は絶対に敗れないと全兵士が東郷に限りない信頼感を抱《いだ》いていたから、兵士たちはその力を十二分に発揮することができたのである。主将として最も大切な能力の一つは、部下に悦服《えっぷく》（よろこんで従うこと）されて部下の能力を最大限に引出《ひきだ》すことである。東郷は誰よりも主将としてのすぐれた才腕《さいわん》を持つ最高の海将《かいしょう》であることをこの戦いで証明したのである。

4、限りなき忠誠《ちゅうせい》

世界史の一大分水嶺《ぶんすいれい》

日本海海戦の勝報《しょうほう》はたちまち世界を駆《か》けめぐった。全世界が震《ふる》え上《あ》がるような衝撃《しょうげき》を受けるとともに驚嘆《きょうたん》した。欧米人は最初この知らせを信用しなかった。ロシア艦隊は全滅、日本艦隊は沈没水雷艇三隻のみ。そんなことはあり得ない、嘘に決まっている、日本は損害を隠していると思わない白人はいなかったのである。それが真実だと分った時、世界は大きく一変した。欧米人を支配者とする世界がこの時から崩《くず》れてゆくのである。日本海海戦について欧米人の感想を代表するのが、ルーズベルト・アメリカ大統領の言葉である。

「これは世界が目撃《もくげき》した最大の驚嘆事《きょうたんじ》だ。かのトラファルガー沖海戦ですらこれに匹敵《ひってき》（肩を並べること）しうるものではない。第一報が届いた時、私自身それを信ずることができなかった。だが第二報、第三報がいたるに及《およ》んで、私はまるで自分が日本人になってしまったかのように興奮《こうふん》を禁《きん》じ得《え》なくなり、公務《こうむ》につくことができなかった。私はその日丸一日を訪問客とともに日本海海戦について語り合って過ごしてしまった。というのも私はこの海戦が日本帝国の命運《めいうん》（運命と同じ）を決したと確信《かくしん》したからである」

　これによりロシアは戦争継続《けいぞく》をあきらめ、日本との講和《こうわ》に応《おう》じたのである。東郷は明治天皇にお答えした通り日本の勝利を導き、天皇のお心を安んじ奉《たてまつ》ったのである。「恐《おそ》れながら誓《ちか》って敵艦隊を撃滅《げきめつ》しもって宸襟《しんきん》を安んじ奉《たてまつ》ります」との奉答《ほうとう》こそ、わが国の歴史に永久に刻《きざ》まれるべき言葉である。しかし東郷は類《たぐ》いなき功績を上げたのにもかかわらず、その功《こう》を誇る気持は少しもなかった。バルチック艦隊を撃滅《げきめつ》できたのは決して自分の指揮能力がすぐれていた為ではなく、ひとえに明治天皇の「東郷を決して交代《こうたい》させてはならぬ」との深いご信任《しんにん》があったからこそできたことと固く信じて疑わなかった。東郷はどこまでも謙虚であった。東郷は海戦終了後、大本営《だいほんえい》に戦闘報告書を提出したが、こうのべている。

「わが連合艦隊がよく勝《かち》を制《せい》して前記の如《ごと》き奇蹟《きせき》を収《おさ》め得《え》たるものは一《いつ》に、天皇陛下御稜威《みいつ》(天皇の偉大なる威徳《いとく》、威光《いこう》)の致《いた》す所にてもとより人為《じんい》(人間の行為)の能《よ》くすべきところにあらず。歴代神霊《れきだいしんれい》(歴代天皇の御霊《みたま》)の加護《かご》によるものと信仰《しんこう》するほかなく……」

明治天皇は「東郷の申した通りにいったのう」と深く悦ばれ、東郷と連合艦隊の働きを「空前《くうぜん》の偉功《いこう》」とたたえられたのである。

白人国家による非西洋諸国に対する支配は十五世紀末、コロンブスの西インド諸島征服から始まり四百年間も続いてきた。非西洋人の国家がことごとく侵略され支配され全く抵抗も反撃も出来なかった中で、わが国だけが雄々《おお》しく立上《たちあが》り世界的強国であるロシアに打ち勝ったことは、白人中心の近代の世界を根本から変える出発となった。有色人種は白人に絶対勝つことはできないという「白人不敗《ふはい》の神話」が、日本によりうち崩《くず》されたことの意義はこの上なく大きい。日本は全ての有色民族、また白人国家でも強国の支配を受けるポーランドやフィンランドのような民族に対して、民族独立への限りない希望と勇気を与えたのである。

日露戦争の勝利をもたらす上に明治天皇のご存在は絶対的に重い。天皇を別としてこの戦いに最も尽力《じんりょく》し最高の功績を上げたのは、陸軍の乃木希典《のぎまれすけ》と海軍の東郷平八郎であった。東郷と乃木をおいて日露戦争を語りえず、二人なくして日露戦争の勝利はありえなかった。二人は陸海軍の双璧《そうへき》(二つの輝く玉)であり、全ての日本人が世界に誇る国民的英雄であったのである。

「ロシア人に対する勝利は我々の勝利」

日露戦争が白人の支配する近代の世界を根本から変えてゆく世界史の一大分水嶺《いちだいぶんすいれい》(大きな分れ道)となり、欧米列強に抑圧《よくあつ》されてきた国々の人々にこの上ない喜びと希望、誇りと勇気を与えたことにつきのべよう。

〈インド〉

「日本がロシアを撃《う》った時、インド人はみんな喜んだ。全てのインド人、下流から上流まで男も女も子供もみんな日本の勝利を誇りこれに満足を表明《ひょうめい》したことは、あたかもインド人もこの戦いに参加しているように見えた。彼らは同じアジア人としてアジアの光栄《こうえい》ある勝利を喜ぶ権利《けんり》があると考えたからである。日本はアジアの盟主《めいしゅ》（同盟の中心）として全てのアジア人を率《ひき》いて屹然《きつぜん》（高くそびえ立つこと）として立たなくてはならぬ」

「日本が西欧《せいおう》との闘争に勝利したことを誇りに思う。我々は勇気と規律《きりつ》、鉄のような意志、不屈《ふくつ》の力によって勝利した日本に心から祝意《しゅくい》を贈《おく》る。日本だけがアジアの名誉《めいよ》を救った」

〈トルコ〉

「我々は日本人の成功を心から喜ばなければならない。ロシア人に対する日本人の勝利は、すなわち我々の勝利である」

「日本の生死は東洋全体の生死でもあります。日本の進歩と発展は全東洋世界の願望《がんぼう》であり、今日《こんにち》東洋人はみな己《おの》れの生存《せいぞん》を日本人の生存と一体のものと考えております」

〈イラン〉

「東方《とうほう》からまた何《なん》という太陽（日本）が昇《のぼ》ってくるのだろう
眠っていた人間は誰もがその場から跳《は》ね起《お》きる
文明の夜明けが日本から拡《ひろ》がったとき
この昇る太陽で全世界が明るく照らし出された
無知の夜は我々から裾《すそ》をからげて立ち去り
叡智《えいち》の光によって新しき日は始まったのだ
日本が我らの先駆者《せんくしゃ》となった以上
我らにも知恵と文化の恩恵《おんけい》がやってこよう
どんな事柄《ことがら》であれ我らが日本の足跡《あしあと》をたどるなら
この地上から悲しみの汚点《おてん》を消し去ることができるだろう」

〈エジプト〉

「墓場《はかば》から甦《よみがえ》って大砲《たいほう》と爆弾《ばくだん》の音を響《ひび》かせ、陸に海に軍隊を動かし政治上の要求を掲《かか》げ、自《みずか》らも世界も不敗《ふはい》と信じていた国を打破《うちやぶ》り、人々の心を呆然自失《ぼうぜんじしつ》（気が抜けてわれを忘れること）させてほとんど信じがたいまでの勝利を収め、生きとし生けるものに衝撃《しょうげき》を与えることになったこの民族とは一体何者なのか。彼らはわずかの年月《としつき》にこのような高みに達《たっ》し、ある部分では西洋と肩を並べ、ある部分では追い越すまでになったのか。……かの偉大な人物（明治天皇のこと）とは何者なのか。……時代は彼の意志に従い、世界はかくも昂揚《こうよう》（高くあがること）した力を七つの海とあまたの国々とを震撼《しんかん》（震えあがること）させずにはおかぬ一大勢力《いちだいせいりょく》、全世界を照らし出す昇る太陽（日本のこと）を目《ま》のあたりにすることになったのか。今や誰もが驚きと讃嘆《さんたん》の念《ねん》をもってこの民族についての問いかけを口にしているのである」

〈フィンランド〉

「私の学生時代、日本がロシアの艦隊を攻撃したという最初のニュースが到着《とうちゃく》した時、友人が私の部屋に飛びこんできた。彼はすばらしいニュースを持ってきたのだ。彼は身《み》ぶり手ぶりをもってロシア艦隊がどのように攻撃されたかを熱《ねっ》狂《きょうてき》的に話して聞かせた。フィンランド国民は満足しまた胸ときめかして戦いのなりゆきを追いそして多くのことを期待した」

※「私」＝ユホ・パーシキヴィ元フィンランド大統領

〈ビルマ（ミャンマー）〉

「最初のアジアの目覚めは日本のロシアに対する勝利に始まり、この勝利がアジア人の意識《いしき》の底流《ていりゅう》に与えた影響は決して消えることはなかった。日本が西欧勢力に対抗する新勢力《しんせいりょく》として台頭《たいとう》（力をつけて登場すること）したことは、日本のアジア諸国への影響を益々《ますます》深めていったのである。それは全ての虐《しいた》げられた民衆に新しい夢を与える歴史的な夜明けだったのである。私は今でも日露戦争と日本が勝利を得たことを聞いた時の感動を思い起こすことができる。私は当時、小学校に通《かよ》う幼い少年に過ぎなかったがその頃流行した戦争ごっこで、日本側になろうとして争ったものだ。こんなことは日本が勝つ前までは想像も出来ぬことだった。

ビルマはイギリスの統治下《とうちか》に入って初めてアジアの一国民の偉大さについて聞いたのである。それは我々に新しい誇りを与えてくれた。歴史的に見れば日本の勝利はアジアの目覚めの発端《ほったん》（はじめ）、またはその発端の出発点とも呼べるものであった」

※「私」＝バー・モウ元ビルマ首相

「一つの世界に対する別の世界の勝利」――日露戦争の世界的意義

欧米列強にとり日本の勝利は天地を逆転《ぎゃくてん》するような衝撃《しょうげき》であり、決してこの世に実現されてはならない悪夢そのものであった。日本軍人に監視《かんし》されたロシア軍の捕虜《ほりょ》が、わが国に上陸したときのようすを見て衝撃を受けた一フランス人はこうのべている。

「これは単に日本に敗れたロシア、一国に敗れた相手国の図ではない。何か新しい言い知れぬものすごいことだった。それは一つの世界に対する別の世界の勝利だった。それは数世紀にわたる侮辱《ぶじょく》を拭《ぬぐ》い去《さ》る報復《ほうふく》（劣等人種とされた有色民族の一員である日本が、白人の強大国ロシアに勝利したこと）だった。それはアジア民族のめざめゆく希望だった。それは西洋という別の人種、呪《のろ》うべき人種に対する一《いち》大痛棒《だいつうぼう》（手痛《てい》い打撃《だげき》）だった。アジアもアフリカも歓喜《かんき》と希望に胸をときめかせた」

白人のいつわりない気持が示されている。白色人種の欧米諸国が非白人をいかに劣等視したかその人種偏見《じんしゅへんけん》の深さは、本来これを持たない日本人にはわかりにくい。欧米人は非西洋人が近代的な国家を作り、近代的な政治・経済・社会制度を設《もう》け、科学技術にもとづく近代的産業を興《おこ》し、その上に強力な近代的陸海軍を備《そな》えることができる知性と能力があるとは夢にも思わなかったのである。明治維新後わが国は欧米を手本として近代化に全力をあげて突《つ》き進《すす》んだが、欧米人はかげで舌を出してせせら笑い、ただの物真似《ものまね》、猿真似にすぎないと思ってきた。それゆえ日本がロシアに戦いを挑《いど》んだとき、狂気《きょうき》の沙汰《さた》（頭が狂った人間の行為）と見たのは不思議ではなかった。

ところが日本は陸海軍とも大小の戦いにことごとく勝利した。決してまぐれ勝ちではなかった。ことに日本海海戦の完勝《かんしょう》は驚天動地《きょうてんどうち》の衝撃《しょうげき》であった。欧米に対して日本が決して劣《おと》らない国家、民族であることを証明してみせるただ一つの道は、戦争において欧米の強大国を打破《うちやぶ》ることしかなかったのである。日本はロシアのアジア及び日本への侵略をおしとどめる為に、どうしても軍事的に立上《たちあが》らなければならなかったのである。

欧米人はキリスト教徒である白人だけが神の恵みを受ける高級な人間であり、それ以外の人種は劣等人間というよりも「人間以下」の存在と見なした。その人間以下の仲間である日本がロシアを打《う》ち下《くだ》したのだから、彼らの驚きと衝撃は私たち日本人の想像をはるかに超《こ》えるものであったことが、先のフランス人の文章から知ることができるだろう。

もし日本が敗れていたならば、そのあとの歴史はどうなったであろう。日本はロシアの植民地属国となるのみならず、東アジアは全てロシア、イギリス、フランス、ドイツそしてアメリカにより完全に征服され、欧米列強の有色人種に対する植民地支配は半永久的に続いたことであろう。欧米諸国による非白人諸国に対する侵略と植民地化は十五世紀以来四百年にわたって続いてきたが、十九世紀後半より二十世紀前半にかけてそれは最盛《さいせい》に達《たっ》し、欧米による全世界植民地化は今や完成しようとしていた。その矢先《やさき》、突然《とつぜん》日本が世界史の大舞台《だいぶたい》に躍《おど》り出《で》てロシアをたたきつけたのである。欧米列強が今まさに長年の願望《がんぼう》を遂《と》げようとする直《ちょく》前《ぜん》、彼らの野望は日本によって粉々《こなごな》に打《う》ち砕《くだ》かれたのである。歴史を大きく捉《とら》えて見るならば、コロンブスの西インド諸島征服（一四九二年）以来約四百年間の西洋諸国による非西洋支配に対して、有色民族中ただ一国抵抗して力強く立上《たちあが》りその怒濤《どとう》の流れをせきとめたのが日露戦争であった。それは近代の欧米中心の世界史を根本から変える世紀の大偉業《だいいぎょう》であったのである。それゆえに日露戦争の勝利をもたらす上に乃木希典《のぎまれすけ》とともに最大の貢献《こうけん》をした東郷平八郎は、国民的英雄として全国民から高く仰《あお》がれたのである。

涙の凱旋《がいせん》

日本海海戦が終って佐世保《させぼ》に帰港《きこう》した東郷は、重傷を負《お》って捕虜《ほりょ》となり佐世保海軍病院に入院していた敵の主将ロジェストウェンスキー中将《ちゅうじょう》を見舞い、心のこもった同情といたわりの言葉をかけた。ロジェストウェンスキーは目に涙をうかべてこう応《こた》えた。

「ご同情のあふれるお言葉に対しては誠に何とも申し上げようもありません。武《ぶ》運《うん》（戦闘の運命）拙《つたな》く閣下《かっか》（高位の人への敬称《けいしょう》）のためにかかる惨憺《さんたん》（みじめなありさま）たる境遇《きょうぐう》に陥《おち》りましたが、しかし祖国のために最善《さいぜん》を尽《つ》くしましたことにおいて私の心には一点やましいところはございません。殊《こと》に敵の主将が閣下《かっか》のような稀代《きだい》（世の中にまれなこと）の名将《めいしょう》であることに考え及びますと、残念のうちにも若干《じゃっかん》（少しだけ）自《みずか》ら慰《なぐさ》めるに足《た》るものがあります」

勝者《しょうしゃ》は潔《いさぎよ》く立派に戦って敗れた者を決して恥ずかしめてはならず、いたわりと礼節《れいせつ》（礼儀《れいぎ》）をもって接《せっ》するのが日本の武士道であった。乃木希典《のぎまれすけ》もまた降伏した敵将に対して同様《どうよう》にしている。

日露講和条約が成立した後、東郷は連合艦隊を率《ひき》いて横浜に凱旋《がいせん》（戦いに勝って帰ること）するにあたり途中伊勢湾に入り、伊勢神宮《いせじんぐう》に参拝《さんぱい》した。東郷は諸将《しょしょう》、参謀《さんぼう》らとともに神前《しんぜん》に最敬礼《さいけいれい》、皇祖《こうそ》（皇室《こうしつ》の御祖先《ごそせん》）天照大御神《あまてらすおおみかみ》並びに歴代《れきだい》天皇の御霊《みたま》のご加護《かご》により皇国《こうこく》の興廃《こうはい》をかけた民族の一大戦争の勝利が得られたことに心から感謝を捧《ささ》げた。

十月二十二日、東郷は横浜に上陸した。港には大群衆が出迎え、「東郷大将万歳《ばんざい》」の声が百雷《ひゃくらい》のごとく轟《とどろ》いた。このあと特別列車で新橋《しんばし》駅に向った。沿道《えんどう》は人並であふれ至るところ万歳の声が響き渡ったが、その中で東郷は終生《しゅうせい》忘れえぬ光景《こうけい》に出会った。それは「東郷大明神《とうごうだいみょうじん》」と大書《たいしょ》した幟《のぼり》をおし立て、歓喜《かんき》の涙にくれ感極《かんきわ》まって万歳の声さえ出ず、ただ合掌《がっしょう》（両手を合わすこと）して東郷を出迎えた老若男女《ろうにゃくなんにょ》の一群《いちぐん》であった。これには鬼神《きじん》（荒々しく恐ろしい鬼）をも恐れぬ連合艦隊の名将勇将たちもみな言葉なく深い感動に打たれた。容易に喜怒哀楽《きどあいらく》の感情を見せない東郷も溢《あふ》れ出《で》る涙を抑《おさ》えることはできなかった。

日露戦争は真に民族の存亡《そんぼう》をかけた戦いであった。誰もがこの戦いに敗れるならば日本は滅《ほろ》ぶと思った。東郷がロシア海軍を撃滅《げきめつ》し日本の勝利を確実にしてわが国の独立を確固《かっこ》たるものにしたことは、いかなる言葉をもってしても表現しがたい全日本国民の感激であったのである。その東郷への無限の感謝の思いを表すものこそ、これら名もなき庶民のこの日の行動であった。生前すでに東郷は生《い》ける神、生神《いきがみ》であったのである。死後東郷が神として祀《まつ》られたのは少しも不思議ではなかった。

新橋駅に着いた時、勅使《ちょくし》(天皇のお使い)始め桂太郎《かつらたろう》首相、山本海相、伊東軍令部長らが出迎えた。駅前には立錐《りっすい》の余地《よち》なく市民が満ちあふれ、人々は涙をふるってのども裂《さ》けんばかり「東郷大将万歳」を叫んだ。日本民族の最も誇るべき歴史であり、日本民族が世界に躍《おど》り出て光輝いた日本歴史の最も美しい華《はな》の一つ、それが日露戦争であり、その立役者《たてやくしゃ》(主役《しゅやく》)こそ乃木希典《のぎまれすけ》とともに東郷平八郎であったのである。

昭和天皇と東郷

日露戦争後、東郷は伊東祐亨《いとうゆうこう》に代《かわ》り海軍軍令部長に就任した。海軍の作戦、訓練、用兵《ようへい》(武力を行使すること)の最高責任者であり、日本海軍がイギリス海軍に優《まさ》るとも劣《おと》らぬことを証明した東郷が最適任者《さいてきにんしゃ》であるのはいうまでもない。明治四十二年までこの職をつとめた。そのあと明治四十四年、東郷はイギリスとアメリカを訪問したが、両国とも「世界史上最高の海将」と絶賛《ぜっさん》し、国を挙げて熱烈な大歓迎《だいかんげい》を行ったのである。

明治四十五年七月三十日、明治天皇が崩御《ほうぎょ》(天皇がおなくなりになること)された。明治天皇からこの上ない信頼を受け親愛《しんあい》された東郷の悲しみは筆舌《ひつぜつ》に尽《つく》しがたかった。

大正二年、東郷は元帥《げんすい》に任ぜられた。元帥は陸海軍大将中より人物功績が抜群《ばつぐん》の者だけが選ばれる。軍人として最高の名誉《めいよ》とされる位であり、その上は大元帥《だいげんすい》つまり天皇だけである。
翌三年、東郷は東宮御学問所総裁《とうぐうおがくもんじょそうさい》に任命された。東宮とは皇太子のこと。裕仁《ひろひと》親王《しんのう》(後の昭和天皇)は学習院初等科《がくしゅういんしょとうか》を修了後、新たに設けられた御学問所におい
て特別の教育を受けられることになった。この任命は明治天皇と同じく東郷を親愛されてやまぬ大正天皇の深い思召し《おぼしめ》(お考え)によるものであった。自己を深く省《かえり》みる東郷は、自分ごとき者はとうていその任にあらずとして固く辞退せんとした。しかし大正天皇は東郷以外にこの重大なつとめを果《はた》す者はないとして許されなかった。東郷は深く感激、恐《おそ》れ畏《かしこ》みつつこの大任《たいにん》を受けた。そのとき次の歌を詠《よ》んだ。

おろかなる　心につくす　誠《まこと》をば
　見そなはしてよ　天《あめ》つちの神

(自分は東宮御学問所総裁という大任をつとめうるような人格も手腕もないが、天《あめ》地《つち》の神を仰《あお》ぎその導きのまにまに誠の限りをつくし慎《つつし》んでこの聖なる任務をおつと

めしよう）

皇太子は七年間ここで学ばれたが、東郷は身命《しんめい》を捧げて奉仕《ほうし》した。その努力は日露戦争の時と形こそ異《こと》なれ優《まさ》るとも劣るものではなかった。皇太子に倫理《りんり》（道徳、人のふみ行うべき道）をご進講《しんこう》したのは杉浦重剛《すぎうらしげたけ》というこの時代を代表する立派な教育者だが、東郷を深く敬愛してその総裁ぶりにつきこう語っている。

「今日《こんにち》の日本において東郷さんほど御学問所総裁の適任者《てきにんしゃ》は他《た》にあるまい。それは英雄だとか勇将だからだという点からではない。ただその終始一貫《しゅうしいっかん》（始めから終りまで一つにつらぬくこと）の誠実《せいじつ》からである。あの年末、年始に行わせられる御終業式と御始業式との際、東郷さんが御前《ごぜん》（皇太子のみ前《まえ》）に進んでその学年の御成績や将来希望し奉《たてまつ》る点を言上《ごんじょう》する時の様子《ようす》にはつくづく感心させられる。あの地位、あの功績で、のみならず総裁でありながら鞠躬如《きくきゅうじょ》（身をかがめ恐《おそ》れ慎《つつし》むこと）たる態度ばかりか、八年の最終の時までいつも声がふるえていた。一度あの様子を見聞《けんぶん》したら誰でもその誠意に打たれない者はないであろう。栄達《えいたつ》（高い地位を得て栄え時めくこと）して慎《つつし》み、親しみ奉《たてまつ》って狎《な》れず（遠慮がなくなりなれなれしくなることがないこと）、君子《くんし》（人格の高い立派な人）でなければできないことだ」

人間にとって最も大切なまこと（誠・至誠《しせい》・誠実・真心）を一生実践した人物が東郷であった。さらに杉浦はこう語る。

「東郷さんの眼を見るといわゆる炯々《けいけい》（鋭く光り輝くこと）として人の肺腑《はいふ》（心の奥底）をつらぬくような気がする。ああいう眼をもつ人はおおむね鋭悍《えいかん》（鋭く猛《たけ》きこと）でややもすると相手に恐怖を感じさせるものだ。しかし東郷さんと話をしていると、重厚《じゅうこう》（落ち着いていて人情に厚いこと）で謙遜《けんそん》（慎み深くへりくだること）でただもう親しみのみが感ぜられる。どうも眼と感じが相応《そうおう》（つり合うこと）しないのは不思議でならないが、よく考えて見るとそれは確かに修養《しゅうよう》の結果と思われる。だがよくもあれまで修養し得《え》られたものとつくづく感心する」

東郷は青少年時代、決しておとなしい温厚《おんこう》な人間ではなく鋭く激しい気性《きしょう》（気持ち。性格）を持ち、何よりその眼が性格をあらわしていた。それが長年の苦難の経験と修養により人格を陶冶《とうや》（鍛錬《たんれん》しみがくこと）して、「重厚で謙遜でただもう親しみのみが感ぜられる」人物になったのである。大敵ロシアを少しも恐れずにたたきつけた剛勇無比《ごうゆうむひ》の東郷、皇太子殿下の前に鞠躬如《きくきゅうじょ》として声をふるわせる純忠至誠《じゅんちゅうしせい》の東郷、私たちはここに千古《せんこ》(とこしえ、永遠に不滅)の英雄の姿を見るのである。

敬神《けいしん》と純忠《じゅんちゅう》と至誠《しせい》――日本民族の至宝《しほう》

東郷は昭和九年五月三十日、八十八歳で亡くなった。幕末、明治維新、日清戦争、日露戦争、そして大正、昭和の時代まで生き抜き不滅の大功《たいこう》を樹《た》て国家に忠節《ちゅうせつ》(忠義《ちゅうぎ》、忠誠《ちゅうせい》をつくす不動の心)を捧《ささ》げ尽《つ》くした。東郷こそ日本国民が世界に誇りうる民族の至宝《しほう》(最も尊い宝)であった。東郷は国葬《こくそう》の栄誉《えいよ》を受けた。国葬は国家に特別の功績のあった人物――伊藤博文《いとうひろぶみ》、山県有朋《やまがたありとも》、大山巖《おおやまいわお》など――にだけ許された。六月五日に行われた国葬はかつてないものであった。百八十五万もの人々が沿道や葬儀場《そうぎじょう》に集り、東郷の死を心から悼《いた》んだ。沿道を静かに進む霊柩《れいきゅう》に対して拍手《かしわで》を打って拝《おが》む姿がここかしこにあった。人々は近代日本の国民的英雄東郷をまさに神として仰《あお》いだのである。

東郷は世界一の海将として世界的偉人になりえたが、決して天才的人物ではなかった。長年根気《こんき》強く倦《う》まず撓《たゆ》まず学習と修養に励んだ努力の人であり、晩成《ばんせい》（晩年になり成功すること）の人であった。

東郷の根本の信念と精神は、敬神《けいしん》と尊皇・忠義と至誠である。母の感化で神並びに仏を敬《うやま》う心、信仰心はきわめて深く厚かった。また日本国民として天皇をひたすら尊敬し国家に限りない忠義（まこと、真心をつくすこと）の心を抱いた。本当の日本人、真の日本人はまこと（至誠・誠実《せいじつ》・真心）の道をつらぬいたが、東郷はまわりの人々にいつもこう語った。

「終局《しゅうきょく》の勝利は必ず誠実の者に帰《き》する」

「他《た》から迂愚《うぐ》（愚かで鈍《にぶ》いこと）と嘲《あざ》けられようとも愚物《ぐぶつ》と笑われようとも、正直にして誠の道を踏《ふ》み違《たが》えるな」

「天は必ず正義に与《くみ》し（味方し）、神は必ず至誠に感ず」

「天佑神助《てんゆうしんじょ》（人力《じんりょく》を超えた天あるいは神の助け）は至誠《しせい》の反映《はんえい》（人間が至誠をつくすことによりはじめて天佑神助が得られる）である」

東郷はいかに能力、手腕がすぐれていても誠の心が欠ける者は人間として失格であるとした。嘘《うそ》、いつわり、ごまかし、騙《だま》し、偽善《ぎぜん》（うわべをきれいに見せる行為）、虚飾《きょしょく》（うわべだけの飾り、みえ）、巧言令色《こうげんれいしょく》（真心がなく口先うまく言い愛想よくふるまうこと）を嫌った。東郷平八郎は人間として日本人として正しく美しい生き方を私たちに示すお手本であった。

日本の偉人物語　1
二宮尊徳　坂本龍馬　東郷平八郎

初版発行　平成 29 年 4 月 25 日

著　　者　岡田幹彦
発 行 者　白水春人
発 行 所　株式会社 光明思想社
〒 103-0004 東京都中央区東日本橋 2-27-9　初音森ビル 10 F
TEL 03-5829-6581
FAX 03-5829-6582
URL http://komyoushisousha.co.jp/
郵便振替 00120-6-503028
装　　幀　久保和正
本文組版　メディア・コパン
印刷・製本　中央精版印刷株式会社

ISBN-978-4-904414-58-3
落丁本・乱丁本はお取り替え致します。定価はカバーに表示してあります。